ASCHE UND EDEN

Fabienne Sita

ÜBER DIE *Autorin*

Fabienne Sita, Jahrgang 1986, ist in der Schweiz geboren und aufgewachsen. Nach dem Fotodesign-Studium in München und einem Jahr im Ausland arbeitete sie als Art-director im ICF München. Obwohl Fotografie ihre erste große Leidenschaft ist, liebt sie alles, was mit Kreativität, Gestaltung und Kunst zu tun hat. Sie ist verheiratet und hat zwei Kinder. Mittlerweile wohnt und arbeitet sie wieder in der Schweiz.

Asche und EDEN

VON TIEFSTEM SCHMERZ, WAHRER SCHÖNHEIT
UND EINER BEGEGNUNG, DIE ALLES VERÄNDERT.

Fabienne Sita

FÜR MEINE *Liebsten*

meinen Mann und meine Töchter,
die ich über alles liebe.

INHALTS-VERZEICHNIS

VOR-WORT

Noch bevor ich dieses Buch zu Ende geschrieben hatte, wurde ich öfter gefragt, was für eine Art von Buch ich denn schreibe. Nun, diese Frage lässt sich nicht so leicht beantworten. Ist es ein Roman, eine Biografie, eine märchenhafte Erzählung oder gar eine Vision von Gott? Also etwas Geistliches oder einfach nur Fantasie? Vielleicht nichts davon oder doch von allem etwas.

Was ich jedoch mit Sicherheit sagen kann, ist: Es ist ein sehr persönliches Buch. Ein Buch über Asche und Eden – Schmerz und Schönheit. Vor allem aber geht es um eine Begegnung, die tiefsten Schmerz heilen und wahre Schönheit hervorbringen kann. Eine Schönheit, die das äußere Erscheinungsbild bei Weitem überschreitet und sehr viel mehr mit Wahrheit, Tiefe und Fülle zu tun hat.

Als Künstlerin liebe ich Gestaltung, Fotografie und Design, und so war es mir ein Anliegen, meine Leser und Leserinnen auch auf eine visuelle Reise mitzunehmen. Die Gestaltung ist deshalb gleichermaßen Teil der Erzählung, denn sie verstärkt das Geschriebene, zeigt Dinge auf, die Worte nicht zu beschreiben vermögen, und offenbart einen Hauch von der Schönheit, die ich selbst gefunden habe.

Die Andersartigkeit dieses Buches ist aber auch im Geschriebenen zu sehen. So besteht das Buch aus Texten, die mein reales Leben beschreiben, Gedichten und lyrischen Kurztexten, in denen ich Schweres und Schönes auf wenige, wirkungsvolle Worte heruntergebrochen habe, und dann sind da noch die Kapitel, die ich selbst als eine Art Tagtraum bezeichnen würde. Es sind Szenen oder vielmehr eine ganze Geschichte, die sich vor meinem inneren Auge abgespielt hat. Diese begleitete mich über mehrere Monate hinweg, in denen ich mich immer wieder auf diese innere Reise begab und so Neues sehen, erkennen und erfahren konnte.

Es ist für mich nicht von Bedeutung, festzulegen, ob es sich dabei tatsächlich um Visionen von Gott handelte oder ob sie ausschließlich meiner eigenen Fantasie entsprungen sind. Fest steht: Sie haben so viel Heilung, Veränderung und Schönheit in mein Leben gebracht, dass es für mich Grund genug ist, an den Einen zu glauben, der alles in seiner Hand hält – und der durchaus auch auf ungewöhnlichen Wegen zu uns sprechen und unser Herz berühren kann.

Schon in meinem ersten Buch „Die Treppe“ habe ich dreißig solcher „Tagträume“ niedergeschrieben. Doch während dieser „inneren Erlebnisse“ war ich nie allein. Da war einer, der mich stets begleitet hat, „der Mann in Weiß“. Er war auch nun wieder treu an meiner Seite und wird dir in diesem Buch noch einmal begegnen.

Mir ist bewusst, dass dieses Buch für manche etwas märchenhaft daherkommen mag oder dass sie es als anmaßend empfinden, eine Begegnung mit Gott auf diese Art zu beschreiben. Doch ich ermutige dich, dich auf die Geschichte einzulassen, ohne sie zwanghaft irgendwo einordnen zu wollen.

Ich persönlich wünsche mir jedenfalls zutiefst, dass dieses Buch dich tröstet, ermutigt, inspiriert und dein Herz berührt.

ASCHE

ZERFALL, TOD, ENDE

NEU-JAHR

Neue Hoffnung machte sich breit. Das neue Jahr hatte gerade begonnen und ich hoffte, dass es mir bessere Zeiten bringen würde als das letzte. Doch es war kein Neujahrsstart, wie ich ihn sonst erlebte.

Das Feuerwerk erinnerte mich schmerzlich daran, wie vergänglich und kurz unser Leben doch ist. Kaum strahlt es auf, verpufft es wieder und verschwindet in der dunklen Nacht … Gute Vorsätze und Wünsche, wie mehr Sport zu machen, sich gesünder zu ernähren oder mehr Zeit für das eine oder andere Hobby zu haben, erschienen mir geradezu lächerlich. Denn ich wünschte mir nur das Eine.

Es war mir mehr als bewusst, dass dieses Jahr nicht wie jedes andere werden würde. Das war unmöglich. Es gab nur Heilung oder Schmerz, Gottes Eingreifen oder sein Schweigen, Leben oder Tod. Kämpfen, Beten und Hoffen wurden deshalb meine einzigen Vorsätze für das neue Jahr, denn noch war der schwere Kampf weder gewonnen noch verloren.

Es war, als hätte Gott persönlich mir den Auftrag gegeben, Tag und Nacht für meine Schwägerin zu beten. Und was ich bisher nur als Redewendung kannte, wurde zu meinem Alltag. Ich war mir so sicher, dass es ein Wunder geben musste. Alles andere war inakzeptabel, nach allem, was wir schon erlebt hatten.

Aber was, wenn Gottes Plan für sie nicht ihre Heilung, sondern ihren Tod beinhaltete?

Ununterbrochen schickte ich meine Gebete in den Himmel. Schreiend und hoffend. Gab es doch so viele Geschichten in der Bibel, die mir die Realität von Heilungen und Wundern vor Augen malten. Und auch ich selbst hatte schon so viele innere Bilder und hoffnungsvolle Gedanken beim Beten bekommen, die ein bevorstehendes großes Wunder erahnen ließen.

Aber was, wenn ich mich auf die Art und Weise, wie und was ich glaubte und hoffte nun nicht mehr verlassen konnte? Was, wenn ich mich gerade jetzt, wo ihr Leben auf dem Spiel stand, doch täuschte?

Was, wenn nicht meine Schwägerin, sondern der Krebs gewinnen würde? Was, wenn gerade sie, eine der stärksten, schönsten und mutigsten Frauen, die ich kenne, deren Glauben an Gott schon so viele andere inspiriert hatte, so früh von uns gehen müsste?

Ich ertrug den Gedanken kaum, wollte weiter glauben und daran festhalten, dass Gott es gut mit uns meinte. Also hoffte ich weiter, betete noch mehr und kämpfte, als gäbe es kein Ende.

Doch dann kam das Ende.

Leer, betäubt und unfähig zu denken, packte ich die schwarzen Kleider in den Koffer.

Wie erstarrt vor Schmerz stand ich vor ihrem Zimmer, nahm noch mal alle Hoffnung zusammen. Ich wollte daran glauben, dass dem einen, der Himmel und Erde geschaffen hatte, alles möglich war und er sogar jetzt noch ein Wunder tun konnte. Doch das Zimmer, das ich zuletzt betreten hatte, als alle um ihr Bett herum versammelt gesessen und Gott angefleht und angebetet hatten, war – leer. Sie war nicht mehr da. Ich sah ihre körperliche Hülle, doch sie selbst war gegangen.

Ich zerbrach.

DIE HOFFNUNG IN FLAMMEN AUFGEGANGEN.
DER SCHMERZ BRENNT WIE GLÜHENDE KOHLEN.

Alles in Schutt und ASCHE

VOM WIND WEGGETRAGEN. UNMÖGLICH,
HEIL ZU WERDEN. ZURÜCK BLEIBT NICHTS.

Mehrere Monate waren inzwischen seit dem Tod meiner Schwägerin vergangen, doch ich fühlte mich immer noch wie gelähmt. Das Leben hatte seinen Sinn verloren und von Freude und neuem Lebensmut war weit und breit keine Spur. Ich zerrte mich selbst durch ein düsteres Labyrinth, das keinen Ausgang zu haben schien.

ICH FÜHLTE MICH VERLOREN IM LEBEN UND GEFANGEN IN MEINEM SEIN.

An so vielen Tagen hoffte ich, einfach wie aus einem bösen Traum aufwachen zu können; hoffte, Krankheit, Angst und Tod einfach vergessen zu können. Doch noch bevor ich meine Augen öffnete, schossen die Bilder von der Intensivstation, dem letzten Besuch, der letzten Umarmung und dem Moment, in dem mir die am meisten gefürchtete Nachricht überbracht wurde, wie ein Kugelgewitter auf mich ein. Mir wurde übel, aber das kannte ich schon. Seit Monaten war mir übel vor innerem Schmerz über den furchtbaren Krankheitsverlauf bei meiner Schwägerin und aufgrund der Angst, dass mein schlimmster Albtraum in Erfüllung gehen und sie tatsächlich sterben könnte.

Eine Wiederholung oder Fortsetzung des Traumas, das ich schon als Jugendliche erlebt hatte: die Krebsdiagnose, die Besuche auf der Intensivstation, das angstvolle Warten auf die nächste Nachricht. Dann der letzte Blick, die letzte Umarmung – und der Tod meines Vaters. Derselbe Schmerz übermannte mich nun wieder. Ich wünschte, ich hätte – wie nach ein paar Gläsern zu viel – die Übelkeit durch Übergeben beenden und die Schmerzen durch eine Tablette Aspirin lindern können.

Doch es gab kein Heilmittel für den Verlust und die Leere. Die Übelkeit blieb und Traurigkeit legte sich jeden Tag aufs Neue wie ein schwarzer Schatten über meine Seele.

Jeden Morgen fiel es mir schwer, aufzustehen und schon die alltäglichen Dinge brachten mich an meine Grenzen. Am schlimmsten waren jedoch die langen, dunklen Nächte. An Schlaf war nicht zu denken und Angst, Hoffnungslosigkeit und Panik wurden meine ständigen Bettgenossen.

Ich wusste nicht, wie ich dieses tiefe Tal jemals wieder verlassen, geschweige denn wieder Freude, Schönheit und Sinn in meinem Leben finden sollte. Gebetet und um Gottes Eingreifen gefleht hatte ich mehr als genug.

Aber Gott schwieg.

Ich schwieg.

STILLE

ALLES *neu*

Die Stille dauerte Tage, Wochen, Monate. Ich wusste nicht, worauf ich überhaupt wartete, aber ich hatte weder Kraft noch Lust, auch nur ein einziges Gebet zu formulieren. Also schwieg ich weiter.

Als ich kaum noch mit Gott rechnete, erschien ein Satz immer und immer wieder in meinen Gedanken:

„SIEHE, ICH MACHE ALLES NEU."

Zum ersten Mal seit dem Tod meiner Schwägerin regte sich etwas in mir. Ich spürte eine Sehnsucht nach wahrer Veränderung. Die zarte Hoffnung auf einen Neuanfang.

Doch sie hielt nicht lange an und wurde immer wieder durch den Gedanken abgelöst: Aber was, wenn ich mich schon wieder täuschte? *Und dieser Satz nicht von Gott kam?*

Das Hoffen auf etwas Neues wechselte sich ab mit der Angst vor der nächsten Enttäuschung. Ich wusste nicht, wem ich überhaupt noch Glauben schenken konnte.

Nach ein paar Tagen googelte ich die Aussage „Siehe, ich mache alles neu" und stieß dabei auf einen mir bekannten Bibelvers aus Jesaja. Er steht dort in dem Kontext, dass Gott neues Leben in der Wüste entstehen lässt. Das Bild und alles, was man damit in Verbindung bringen konnte, hätte gut zu meiner Lebenssituation gepasst. Doch ich hatte das Gefühl, dass es nicht der „richtige" Vers war. Der Wortlaut, den ich im Kopf hatte, war anders. Also suchte ich weiter und stieß schließlich auf *Offenbarung 21,5*:

„Und der auf dem Thron saß, sprach: Siehe, ich mache alles neu! Und er spricht: Schreibe, denn diese Worte sind wahrhaftig und gewiss!"

Die Worte sprachen mitten in mein Herz. Etwas in mir wurde angestoßen. Etwas, das ich lange nicht mehr gespürt hatte. Noch wusste ich nicht, was mich in der kommenden Zeit erwarten würde, aber meine Intuition sagte mir, dass der Vers von größerer Bedeutung war, als ich mich zu hoffen traute.

Der Vers wirkte noch lange nach, und je mehr ich ihn in mir bewegte, desto klarer wurde mir, dass er möglicherweise mein ganzes Leben verändern würde. Ich hatte das Gefühl, mich auf eine große OP „am offenen Herzen" vorzubereiten, die für mich gleichermaßen schmerzhaft wie heilsam werden würde.

Es war ein gewöhnlicher Samstag. Mein Mann war mit den Kindern in den Zoo gefahren, um mir einmal eine Pause zum Durchatmen zu verschaffen. Ich hatte es mir mit meinem Kaffee auf dem Sofa gemütlich gemacht und für einen Moment mit geschlossenen Augen innegehalten, als sich vor meinem inneren Auge langsam Bilder formten und sich zu einer Art Film verwoben.

Der Tag war gekommen: Die Operation an meinem Herzen stand mir bevor. Ich hatte Angst. Ich hasste Krankenhäuser, und allein bei dem Gedanken an sterile Räume, Schläuche, piepende Maschinen und Ärzte mit Mundschutz bekam ich regelrecht Panik. Zu gut kannte ich Intensivstationen von innen. Schon als Kind wurde ich damit konfrontiert. Damals, als ich in das tränenüberströmte Gesicht meiner Mutter blickte, während sie uns von einer Operation meines Vaters im Krankenhaus erzählte, der nun auf der Intensivstation lag.

Und nun lag es nicht mal zwei Jahre zurück, seit auch meine zweite Tochter viel zu früh zur Welt gekommen war und ich, wie schon bei meiner ersten Tochter, stundenlang neben dem kleinen Bettchen auf der Intensivstation wachte, dem Piepsen der Monitore lauschte und betete, dass diese nicht wieder Alarm schlugen und ich um das Leben meines kleinen Babys bangen musste. Diese Räume hatten in meinem Leben bisher nur Schmerz, Leid und Tod gebracht.

Gleichzeitig hatte ich es satt, innerlich einfach nicht heil zu werden – obwohl ich doch den größten Heiland kannte. Ich wollte endlich erleben, dass sein Friede mein Herz erfüllte – auch schon hier, auf dieser kaputten Erde.

Mein Herz schlug mir bis zum Hals, als ich den Mann in Weiß auf mich zukommen sah. Ich kannte ihn schon. Er war mir vor langer Zeit zum ersten Mal begegnet. In einer inneren Vision auf der Treppe zum Thronsaal Gottes. Seitdem hatte er mich durch viele Krisen und tiefe Täler begleitet, aber er war mir auch an sonnigen Orten nicht von der Seite gewichen. Wir hatten zusammen gelacht und zusammen geweint. Er kannte meine Gedanken, meinen Schmerz, meine Höhen und meine Tiefen. Er war weise, freundlich und geduldig, und sein liebevoller Blick vermochte tiefe Wunden zu heilen. Er war mein Freund, mein treuer Begleiter und Ratgeber geworden, und ich war gern in seiner Gegenwart. Denn dort fühlte ich mich sicher und geliebt.

Erst jetzt fiel mir auf, dass ich ihn sehr lange nicht mehr gesehen hatte. Nach allem, was passiert war, hatte ich mein Herz vor ihm verschlossen und nicht mehr zugelassen, dass er in meine Nähe kam.

Ich wurde kreidebleich. Schweiß brach mir aus allen Poren und meine Knie zitterten so sehr, dass ich mich kaum auf den Beinen halten konnte. Der Mann in Weiß kam näher. Sein Blick ruhte auf mir und zeigte so viel Mitgefühl, wie es nur jemand aufbringen kann, der selbst durch die Hölle gegangen war. Er nahm meine Hand in seine und legte seinen Arm um mich – gerade noch rechtzeitig, bevor meine Knie aufgaben und ich in mich zusammensackte. Tränen liefen mir über die Wangen und ich ließ meine Augen fest zusammengekniffen, in der Hoffnung, dass alles schnell vorbeigehen würde.

Die Angst lähmte mich so sehr, dass ich mich ohnmächtig fühlte und nicht mehr aufstehen konnte. Also trug mich der Mann in Weiß und barg mich in seinen

Armen. Anstatt des beißenden Geruchs von Desinfektionsmittel machte sich plötzlich der Duft von frischem Gras und Frühlingsblumen um mich herum breit. Eine warme Brise wehte und der zarte Duft umhüllte mich wie eine weiche Sommerdecke. Ich hielt die Augen immer noch geschlossen, doch ich spürte, wie sich mein Atem langsam beruhigte. Und je ruhiger ich wurde, desto tiefer konnte ich diese herrliche Frische einatmen.

Bisher hatte auch das grelle Licht meine Augen geschlossen gehalten. Es mussten die kalten Neonröhren über dem Operationstisch gewesen sein. Aber merkwürdigerweise trug der Mann in Weiß mich weg von dem grellen Licht und legte mich in den Schatten auf einen weichen Untergrund. Er fühlte sich wunderbar kühl und gleichzeitig wärmend an.

Plötzlich spürte ich sanfte Berührungen. Als wäre ein Schmetterling auf der Suche nach kostbarem Nektar auf mir gelandet, um eine kurze Verschnaufpause einzulegen. Es musste tatsächlich ein Schmetterling sein. Ich spürte seinen sanften Flügelschlag, der wie ein Hauch des Himmels mein verletztes Herz das erste Mal seit Langem endlich einmal zur Ruhe kommen ließ.

Die sanften Bewegungen der Schmetterlingsflügel lösten, was in mir starr und hart geworden war, und fächerten mir eine zarte Hoffnung zu: Auf einmal spürte ich, dass Heilung möglich war. Meine verkrampften Hände lösten sich langsam und Entspannung machte sich in meinem ganzen Körper breit. Meine sonst so rastlosen Gedanken trauten sich, einen Moment zu verweilen, und meine Seele atmete auf.

Nachdem ich lange Zeit einfach nur so dagelegen hatte, schreckte ich plötzlich auf. Die Zeit in diesem offensichtlich sehr angenehm gestalteten Wartezimmer kam mir sehr lange vor, obwohl das ja eigentlich nichts Neues war. Außerdem wusste ich noch von meinen letzten Erlebnissen mit dem Mann in Weiß, dass ich in seiner Gegenwart ohnehin ein ganz anderes Zeitempfinden hatte, das nichts darüber aussagte, wie viel Zeit im realen Leben schon vergangen war. Aber bestimmt ging der Albtraum gleich los.

Ich spürte, wie sich mein ganzer Körper innerhalb kürzester Zeit wieder verkrampfte und sich die Angst in mein Herz zurückschlich. Da hörte ich seine vertraute Stimme: „Liebes, schau mich an!“

Ich öffnete ganz langsam meine Augen und blickte zum ersten Mal in die seinen. Alles, was ich darin sah, war unendliche Liebe, sein bewegtes Mitgefühl und übernatürlicher Frieden. Ich verlor mich in der Tiefe seines Blickes. Er war beruhigend, ehrlich und auf außergewöhnliche Art und Weise wunderschön. Alles Schöne und Edle dieser Welt schien sich in seinen Augen zu vereinen und zu spiegeln.

Allein dieser Blick in die Augen des Mannes in Weiß hätte mir genügt, um mich wieder zu beruhigen, doch dann sagte er noch in seiner ruhigen, liebevollen Art: „Schau dich um, vertrau mir.“

Ich war definitiv nicht auf einer Intensivstation gelandet. Ich befand mich nicht einmal mehr in einem Gebäude, geschweige denn auf einem Operationstisch. Stattdessen lag ich im Schatten einer großen Trauerweide auf einer bettgroßen Fläche, die mit weichem, tiefgrünem Moos überwachsen war. Einzelne kleine, weiße Blumen unterbrachen das satte Grün. Der Wind wehte sanft durch die herabhängenden Äste, und das Rauschen der tanzenden Blätter und das leise Zwitschern der Vögel wirkten beruhigender als jedes Spa-Erlebnis.

Diese herrliche Trauerweide, ein Baum, dessen Name Trauer und Schmerz in sich barg und der gleichzeitig so viel Schutz und Schönheit bot, barg nun mich. Die Trauerweide hatte eine melancholische Wirkung auf mich; es wirkte beinahe so, als würde sie mein tiefstes Leid verstehen und mich umarmen wollen.

EINE WEIDE, UM ZU TRAUERN.

Der Anblick des Baumes berührte mich zutiefst, denn ich spürte, hier war Raum und Zeit für meine Trauer. Die Sonne stand mittlerweile schon sehr tief und ihre letzten, goldenen Strahlen glitzerten wie kleine Funken auf den Blättern. Erst als sie schließlich ganz unterging, sah ich, dass in den Ästen der Trauerweide überall kleine Lichter und Girlanden aufgehängt worden waren. Das zarte Lichtermeer, verwoben in den tanzenden Blättern, wirkte magisch. Das alles erinnerte mich mehr an eine wundervolle Geburtstagsfeier als an eine OP.

„Du hast recht", unterbrach der Mann in Weiß meine Gedanken. Und so, wie ich es schon oft erlebt hatte, schien er auch diesmal genau zu wissen, was mich beschäftigte. „Die Zeit auszuhalten, bis etwas Neues ausgetragen ist, kann sich genauso anfühlen wie eine Geburt – oft ist es ein langer und schmerzhafter Prozess. Aber wenn man sich auf ihn einlässt und sich dem Schmerz stellt, wird neues Leben möglich. Der Weg dorthin scheint manchmal unmöglich und unendlich, aber wenn man es durch den Schmerz hindurchgeschafft hat, beginnt eine neue Ära, entsteht Raum für Erneuerung."

Es fühlte sich tatsächlich ähnlich an wie die Geburten meiner beiden Töchter. Der Weg dorthin war anstrengend und schwer gewesen und die Schmerzen während der Geburt kaum aushaltbar, doch sobald sie das Licht der Welt erblickt hatten, war jeglicher Schmerz wie weggeblasen und die großartigsten und wundervollsten Geschenke des Himmels lagen in meinen Armen. Sie waren jeden Schmerz wert.

Und genau wie im Kreißsaal, trafen sich auch hier, unter dieser Trauerweide, Schmerz und Verletzlichkeit mit einer tiefen Ehrfurcht und Freude über etwas Neues, das ich weder in Worte fassen konnte noch richtig kennengelernt hatte.

Ich konnte mir nach wie vor nicht vorstellen, wie wahre Heilung und Veränderung in meinem Inneren möglich sein sollte, doch ich spürte ganz deutlich: Etwas Neues hatte begonnen.

alles neu.

DIE SCHWARZE FESTUNG

Sosehr ich mir wünschte, dass „alles neu“ werden würde, so gut wusste ich auch, dass dies kein Prozess war, den man von heute auf morgen würde abschließen können, sondern dass ich für wahre Veränderung erst einmal in die Tiefe gehen musste.

In meinem Innersten hatte sich über die Jahre hinweg so etwas wie eine schwarze Festung gebildet, die verhinderte, dass ich mich meinem größten Schmerz und meinen tiefsten Verletzungen stellen musste. Ich versuchte, alles, was mir zu viel, zu schwer und zu schmerzhaft war, dorthin zu verbannen – aus Angst, daran zu zerbrechen. Diese Festung schien zunehmend die einzige Option zu sein, um mein Leben zu leben, ohne an dem Leid darin kaputtzugehen. Deshalb war sie auch so gut bewacht.

Vor ihren Toren hatte sich eine Löwin niedergelassen – bereit, den Zugang zu meiner verletzten Seele zu verteidigen, als wäre es ihr schutzloses Jungtier. Je mehr Schmerz die Festung in sich einschloss, desto wild entschlossener wurde die Löwin, sie bis zum bitteren Ende zu verteidigen. Die Löwin stand für mich für eine Emotion, die ich früher nicht zu meinen Eigenschaften gezählt hätte: Wut.

Ich war sensibel – ja, vielleicht sogar mit einem Hang zum Dramatischen veranlagt, aber wütend gehörte nicht zu den Beschreibungen meiner Persönlichkeit. Doch völlig überfordert vom Leben und dem Schmerz, schien es, als wäre Wut die einzige Emotion, die stark genug war, um mein Innerstes zu bewachen und mir die Kraft zu geben, irgendwie weiterzumachen. Und so brüllte und fauchte die Löwin in mir wütend auf, sobald ihr jemand zu nahekam oder noch mehr dazu kam.

Beruhigte sich mein Leben wieder, legten sich auch die heftigen Emotionen, und ich vergaß, dass sie etwas in meinem Innersten verteidigten, das ich schon lange gekonnt zu ignorieren vermochte. Nach außen hin konnte ich meine Wut lange Zeit gut verbergen und wirkte nach wie vor eher ruhig und zurückhaltend. Doch in den letzten Jahren hatte die schwarze Festung in mir immer mehr Raum eingenommen.

Für eine lange Zeit hatte das gut funktioniert und meine Seele war trotz dem einen oder anderen Sturm um mich herum ruhig geblieben. Doch nun hatte sich der Wind gedreht und die Wut platzte immer häufiger aus mir heraus. Nach und nach wurde meine Stimme lauter als gewollt, meine Belastbarkeit geringer als zuvor, und immer öfter musste ich alle Kraft zusammennehmen, um die Wut auf mich selbst, das Leben und Gott zurückzuhalten.

Doch der Wind nahm weiter an Stärke zu, bis ich den Sturm nicht mehr in den Griff bekam. Plötzlich fühlte es sich so an, als würde das Leben von allen Seiten auf mich einschlagen. Das Weinen der Kinder, das vernichtende Feedback zu meiner Arbeit, das ich in meinem vermeintlichen Traumjob bekam, die ständige Erschöpfung, der erneute Krebsfall in meiner Familie, die depressiven Gedanken, das Versagen als Mutter, Ehefrau und Freundin, das Gefühl, einfach nicht mehr ich selbst zu sein – das Fass war voll.

So oft wünschte ich mir, man könnte die Wut wie ein paar alte Porzellanteller an die Wand schmettern und die Scherben danach einfach zusammenkehren, in den Müll schmeißen und wieder bei null anfangen. Doch so einfach war es nicht. Ich wusste nicht mehr weiter, nur eines: dass der Weg der Heilung unausweichlich an der Wut vorbei und mitten in die Festung führen musste.

Doch wie sollte ich das Tor zu dem ganzen Schmerz öffnen, ohne daran zu zerbrechen? Wie konnte ich meiner verletzten Seele Gehör verschaffen, ohne dass es mir selbst zu viel werden würde? Was, wenn etwas das Fass zum Überlaufen brachte?

Und dann … kam der Tod meiner Schwägerin. Und es war, als würde ich zuschauen, wie der letzte große Tropfen in Zeitlupe fiel.

ZER–
BRO–
CHEN

in tausend Stücke

ICH RUTSCHE. ICH STÜRZE. ICH FALLE. ICH PRALLE AUF.
ICH ZERBRECHE. ICH ZERFLIEẞE. ALLES KAPUTT.

EINE GLASFLASCHE, ZERBROCHEN IN TAUSEND STÜCKE.
DEREN INHALT – MEIN LEBEN, VERSICKERT IM BODEN.

Der
STURM
IST BALD VORBEI.

STURM-Warnung

Es ist Februar 2020. Draußen tobt der Sturm. „Orkan Sabine“ nennen sie ihn, und die höchste Warnstufe wurde ausgerufen. So etwas hatte es in der Schweiz noch nie gegeben.

Wie geht man mit einem Sturm dieser Stärke um?

Es werden Maßnahmen ergriffen, Straßen gesperrt und Ersatzbusse eingesetzt. Müll wirbelt durch die Straßen, der Regen wechselt sich mit Hagelkörnern ab. Sie prasseln gnadenlos auf jeden herab, der sich nicht schnell genug in Sicherheit bringt. Dann plötzlich Stille. Ist es vorbei? Nein, nur eine kurze Verschnaufpause, bevor der Sturm mit neuer Kraft weiter über das Land fegt. Er wütet ohne Rücksicht auf Verluste. Seine Kraft ist gigantisch, nicht zu bändigen. Sie macht Angst.

Meine Tochter fragt mich, woher der Sturm kommt und wann er wieder geht. Ich sag ihr, dass er bald vorbei sein soll.

Aber was, wenn der Sturm draußen nur ein Bruchteil von der Wucht des Sturms ist, der in mir drin tobt? Was ist mit dem Sturm, der keinen Namen trägt und in meinem Innern wütet?

Ich sage mir, dass der Sturm bald vorbei ist.

Das SCHLACHTfeld

Es war inzwischen beinahe ein Jahr her, seit meine Schwägerin verstorben war, doch noch immer war ich so wütend auf Gott und das Leben und fühlte mich verloren. Ich wusste nicht, wie ich diese starken negativen Emotionen loslassen und weitermachen sollte, also holte ich mir Hilfe von einer ausgebildeten Seelsorgerin.

Ich saß auf einem für mein Empfinden viel zu pinken Sofa, mir gegenüber die Seelsorgerin. All meine Erwartungen und Hoffnung sowie meine Angst vor einer Enttäuschung hingen spürbar über uns im Raum. Dann bat sie mich, die Augen zu schließen, und fragte mich, was ich vor meinem inneren Auge sah. Eine beängstigende Szenerie tat sich vor mir auf:

Ich befand mich auf einem Schlachtfeld, auf dem ein schrecklicher Krieg stattgefunden haben musste. Ich selbst war verwundet und dreckig. Meine Kleider waren zerrissen und hingen nur noch in Fetzen an meinem Körper herab. Das Feld war verwüstet und verlassen. Es sah furchtbar aus. Und ich, ich war mutterseelenallein.

Ständig erschien das Wort „Safety Place“ (zu Deutsch: sicherer Ort) in meinem Kopf. Eine Sirene heulte und das Wort erschien erneut. Ich sah mich um und suchte nach diesem sicheren Ort, sehnte mich nach der verheißenen Geborgenheit, denn ich fühlte mich ausgeliefert und schutzlos.

Ich drehte mich um und entdeckte einen Bunker, über dem ein Schild mir „Safety Place“ auswies. Er war aus grauem Beton, kahl, trist, ungemütlich und verlassen. Ein Bunker eben. Da wollte ich ganz sicher nicht rein. Aber wo sonst sollte ich hin, um mich sicher zu fühlen?

Eine durchsichtige Kuppel umgab das gesamte Schlachtfeld. Sie schien aus Glas zu sein. Ich fühlte mich wie in einer riesigen billigen Schneekugel gefangen, der jedoch jeder schöne Kitsch fehlte. Statt umgeben von einem zauberhaften Schneetreiben zu sein, fühlte ich mich in dieser öden Landschaft wie auf dem Präsentierteller an fremde Blicke ausgeliefert.

Ich schaute mich um, doch es war niemand zu sehen. Außerhalb der Kuppel konnte ich nun den Mann in Weiß erkennen. Er feierte gemeinsam mit anderen offensichtlich einen Sieg. Mir war jedoch nicht zum Feiern zumute, denn wer das Schlachtfeld gesehen hatte, konnte erahnen, wie schlimm der Kampf gewesen sein musste.

Ich wollte nicht zu den anderen und auch nicht, dass der Mann in Weiß zu mir kam. Ich war unendlich wütend auf ihn. Er hatte das alles zugelassen. Er hatte nichts unternommen, um das Schreckliche zu stoppen. Offensichtlich kannte er mich doch nicht. Sonst hätte er gewusst, dass diese Last zu schwer für mich war. Ich wollte nichts mehr von ihm wissen. Er sollte bloß da stehen bleiben, wo er war. Weit weg von mir. Getrennt durch eine unsichtbare Wand.

Plötzlich hatte ich ein Stahlseil mit einer Eisenkugel in meiner Hand. Ich schwang es um mich herum. Ich war so wütend. Ich wollte irgendwas zerstören, aber es gab weit und breit nichts mehr auf dem Schlachtfeld, das ich noch hätte treffen und woran sich meine Wut hätte entladen können. Also drehte ich mich einfach immer weiter – in der Hoffnung, die Eisenkugel möge doch noch auf irgendetwas treffen.

Auf einmal sah ich meine Familie auf dem Schlachtfeld. Wo kamen die denn plötzlich her? Ich wusste: Sobald sie sich in meine Richtung bewegen würden, würde die Kugel sie treffen und verletzen. Ich versuchte, das Schwingen der Kugel zu unterbrechen. Aber es hatte bereits zu viel Wucht und war nicht mehr zu stoppen.

Dann sah ich, wie der Mann in Weiß auf einmal ebenfalls innerhalb der Kugel war und zu meinen Kindern und meinem Mann kam und sie in Sicherheit brachte – in den Bunker. Durch ein kleines Fenster blickten sie zu mir herüber. Ich spürte, dass sie eigentlich wieder nach draußen, in meine Nähe, wollten. Aber der Mann in Weiß hielt sie zurück und schien sie zu beruhigen.

Ich wusste nicht, was ich machen sollte. Würde ich die Kugel einfach loslassen, würde sie die Glaskuppel über mir zerstören und mich unter einem Regen aus Scherben begraben. Wenn ich das Stahlseil allerdings weiterhin nicht loslassen würde, würde ich früher oder später alles zerstören, was mir in die Quere kam.

Aus dem Augenwinkel nahm ich eine Bewegung wahr. Mein Herz blieb beinahe stehen, als ich sah, dass der Mann in Weiß den Bunker verlassen hatte und jetzt auf mich zukam.

Ich schrie ihn an, dass er bloß nicht näherkommen solle. Ich war so wütend auf ihn! Aber schlagartig wurde mir bewusst, was meine Wut und das Seil mit der schweren Eisenkugel gleich anrichten würden ... In der ersten Drehung streifte die Kugel ihn nur, aber er blutete im Gesicht. Trotzdem ging er weiter. Die Kugel drehte eine weitere Runde und traf ihn diesmal mit voller Wucht.

Ich war erstarrt vor Schreck. Die Kugel kam auf dem Boden zu liegen. Ich hielt immer noch das Seil in der Hand. Ich konnte kaum aufschauen. Doch der Mann in Weiß stand nur still da. Alles war still geworden. Merkwürdigerweise war es jedoch keine unheimliche Stille, einfach nur Stille. Dann wagte ich es und blickte zu ihm auf. Er schaute mich einfach nur an. Er forderte nichts, er ertrug einfach. Er musste unglaubliche Schmerzen erlitten haben, doch in seinen liebevollen Augen war kein Schmerz, kein Funke von Wut, Enttäuschung oder Abneigung mir gegenüber zu finden. Im Gegenteil: Sie strahlten unendliche Liebe aus.

Ich ging rückwärts an den Rand der Kuppel, erschöpft und leer. Zum ersten Mal seit Langem empfand ich nichts – keine Wut, keine Überforderung, keinen Schmerz, keine Trauer. Nichts.

Plötzlich brach ein helles Licht durch die Decke der Kuppel. Es war, als würde Gott höchstpersönlich, der Schöpfer der Welt, die Sonne wieder neu aufgehen lassen – so, als wäre nichts passiert, so, als wäre alles vergessen, was ich gerade getan hatte. Ein neuer Tag hatte begonnen.

Die Oberfläche der Kuppel schimmerte, als die Sonne sie wärmte, und begann langsam zu schmelzen. Offensichtlich war sie nicht aus Glas, sondern aus Eis gewesen. Nun floss ihr Tauwasser über meinen Körper und wusch den ganzen Dreck ab.

Noch immer wollte ich nicht, dass der Mann in Weiß oder meine Familie mir näherkamen. Doch langsam spürte ich, wie die warmen Strahlen der durchgebrochenen Sonne mich wie ein weiches frisches Handtuch trockneten.

Nach einer Weile stand ich auf, behielt den Kopf jedoch immer noch gesenkt. Da spürte ich eine behutsame Berührung, als wehte ein zarter Wind durch mein Haar.

Ich wusste sofort, wer das war. Ihre Sanftheit und ihr tiefes Mitgefühl berührten mein Herz, ohne dass ich sie ansah: Ruach.

Sie war wie eine Tänzerin, so anmutig, feinfühlig und zart, dass sie die Einzige war, die mir in diesem Zustand so nahekommen konnte. Sie legte einen leichten, weißen Mantel um mich. Er war kaum zu spüren und beinahe durchsichtig, und doch bedeckte er mich vollständig und ein Gefühl von neuer Würde kleidete mich.

UND ZUM ERSTEN MAL SEIT LANGEM ATMETE ICH TIEF EIN UND WAR EINFACH.

DER FRÜHLING KEHRT ZURÜCK

UND MIT IHM DIE HOFFNUNG,

die sanfte

SCHÖNHEIT

der Natur

UND DIE KRAFT.

DER FRÜHLING *bricht an*

Auch wenn ich ein Mensch bin, dem starke Emotionen grundsätzlich wenig Angst machen, beschäftigte mich das heftige Bild aus der Seelsorgesitzung noch eine ganze Weile. Die tiefen Abgründe meiner verletzten Seele so bildlich vor mir zu sehen, war für mich hart und äußerst unangenehm.

Doch je länger ich darüber nachdachte und je mehr ich mit anderen darüber sprach, desto größer wurde mein Bewusstsein für die unendliche Liebe und Kraft Gottes, die in diesem Bild steckte. Der Mann in Weiß hatte mich – im Gegensatz zu mir selbst – nicht im Geringsten verurteilt für all die negativen Gedanken und Gefühle, die aus mir herausgebrochen waren.

Auch hatte ihm die Heftigkeit meiner Wut keine Angst gemacht. Er allein hatte die nötige Kraft und Liebe, sich meiner Wut in den Weg zu stellen und sie für mich zu stoppen. Er war bereit gewesen, meinen Schmerz auf sich zu nehmen – egal, wie schlimm oder schmerzhaft es für ihn auch war. Und ich begriff: Wenn er mit diesen Abgründen zurechtkam, dann konnte er auch mit den Dingen umgehen, die ich noch in der schwarzen Festung unter Verschluss hielt.

Auch wenn ich mich in den folgenden Wochen noch unsicher, nackt und verletzlich fühlte, war es doch, als ob mit dem Tauen der Glaskuppel auch etwas in mir langsam zu tauen begonnen hatte. Der Winter war lange und unerbittlich gewesen und hatte jegliches Leben eingefroren. Doch nun schien der Frühling zurückzukehren und mit ihm die Hoffnung und die sanfte Schönheit der Natur. Und genau wie die Natur ihre Nacktheit überwand und die feinen grünen Blätter aus den Knospen sprossen, bereit, sich nach dem langen Winter in neuer Kraft und Schönheit zu entfalten, so fühlte ich, dass auch meine Kraft und mein Blick für das Schöne langsam zurückkehrten und mich neu kleideten.

Während ich den zarten Duft der Kirschblüten vor unserem Haus aufsog und meine Tochter dabei beobachtete, wie sie sich in den herabfallenden Blütenblättern drehte und tanzte, überkam mich ein tiefes Gefühl der Dankbarkeit.

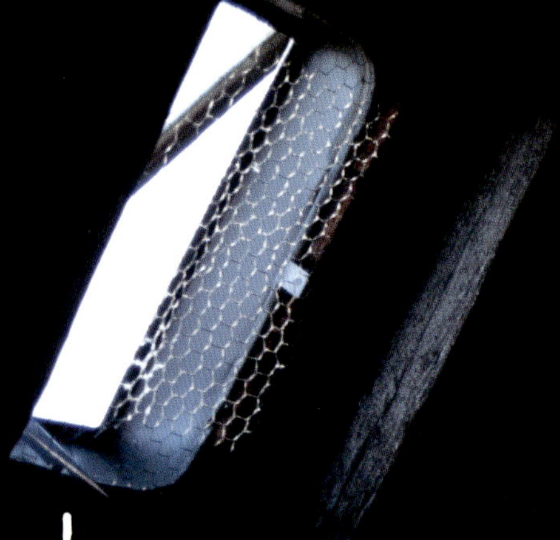

Das erste HAUS

Ich stand nun vor dem Tor der schwarzen Festung. Die Löwin, die das Tor bisher mit ihrem Leben verteidigt hatte, war weg. Sie war mit der großen Wut verschwunden und hatte den Weg zum Tor freigegeben. Die massiven Mauern, die links und rechts vom Tor emporragten, waren hoch und so weitläufig, dass auf keiner Seite ein Ende in Sicht war. Die Mauer erhob sich düster und bedrohlich aus der Landschaft, als wäre ihr persönlich daran gelegen, das Innerste zu schützen.

Lange Zeit hatte ich Gott angefleht, diese Festung einfach verschwinden zu lassen; die Situationen zu ändern; mir zu helfen. Doch meine Ängste, der Schmerz und die Schwere waren geblieben. Und nun stand ich hier, war durch finstere und tiefe Täler gewandert, ohne zu wissen, ob ich sie jemals wieder verlassen würde.

Aber ich spürte, dass ich den Weg hierhin nicht allein gegangen war. Neben mich kam, so sanft und unaufdringlich, wie ich ihn kennengelernt hatte, der Mann in Weiß. Ich blickte ihn an, dann an ihm vorbei auf den Weg, den ich bisher zurückgelegt hatte. Der Weg zum Tor war lang und schmerzhaft gewesen, nicht zuletzt aufgrund des Kampfs mit der Löwin, mit meiner Wut, die ich ohne ihn nicht hätte überwinden können. Doch jetzt, als ich vor dieser eindrucksvollen Festung stand, verließ mich der Mut weiterzugehen. Wie um alles in der Welt sollte ich diese Festung einnehmen und mit dem fertigwerden, was mich darin erwartete?

„Du bist nicht allein. Vergiss nicht, wer an deiner Seite ist", hörte ich den Mann in Weiß leise sagen. In Gedanken versunken, nahm ich seine Worte jedoch kaum wahr.

Wie sollte ich in diese Festung hineinkommen, geschweige denn sie niederreißen? Das würde ich nie schaffen. Angst überkam mich, und ich kam zu dem Schluss, dass ich doch lieber wieder gehen wollte.

„Willst du, dass ich dir helfe, heil zu werden? Bist du bereit?", fragte mich da der Mann in Weiß und traf mich damit mitten ins Herz.

„BIST DU BEREIT?"

Diese Worte ließen mich aufhorchen. Hatte er nicht schon einmal genau dieselben Worte zu mir gesagt? Ich erinnerte mich: Es war am Tag unserer ersten Begegnung, bei meinem ersten Aufstieg zum Thronsaal Gottes. Erst war ich voller Euphorie gewesen, doch kurze Zeit später bitter enttäuscht von dem, was ich hinter der Tür vorgefunden hatte. Doch obwohl ich damals alles anders vorfand, als ich erwartet hatte, hatte mir genau das mehr Heilung gebracht, als ich mir jemals hätte vorstellen können.

Ich nickte.

Ich wollte mich gerade hinsetzen, um einen Plan zu schmieden, wie wir am besten in die Festung gelangen konnten – die Mauer war zu hoch, um sie zu erklimmen, und das Tor verschlossen –, da sah ich, wie der Mann in Weiß fast andächtig zum Tor schritt. Und noch bevor er das Tor erreicht hatte, begann es, sich langsam zu öffnen. „Vergiss nicht, wer an deiner Seite ist", schossen mir seine Worte wieder durch den Kopf.

Ich hatte schon so einiges mit ihm erlebt, aber an einem so dunklen Ort waren wir bisher noch nie zusammen gewesen. Es fühlte sich falsch an, dass er hier war. Er schien als Einziger Licht in diese düstere Gegend zu bringen, aber das schien

Bist du bereit?

ihn keineswegs zu beeindrucken. Im Gegenteil: Ich hatte manchmal sogar das Gefühl, dass er sich auf eine absurde Art und Weise freute, hier zu sein.

Ich hatte aufgeholt und lief nun schweigend neben ihm durch das Tor. Obwohl es alt und massiv war, machte es nicht das geringste Geräusch beim Öffnen, und die Stille, die im Inneren der Festung herrschte, erschlug mich beinahe. Sie war unheimlich.

Ich hatte erwartet, einer Armee entgegenzutreten, aber ich fand nichts dergleichen vor. Obwohl das Gelände endlos schien, konnte ich nur fünf Häuser darauf entdecken. Sie dominierten alles und gehörten offensichtlich irgendwie zusammen, und doch stand jedes für sich wie eine eigene kleine Festung. In der Mitte der Häuser konnte ich einen alten Brunnen ausmachen. Einen Brunnen, wie es ihn vor langer Zeit gab: mit einem Eimer daneben, um Wasser aus der Tiefe hochzuziehen.

Die menschenverlassene Gegend wirkte wie eine Geisterstadt. Ein mulmiges Gefühl beschlich mich. Es krallte sich in meinen Nacken und drückte mich nach unten. Ich konnte kaum noch aufrecht stehen, da nahm der Mann in Weiß meine Hand, streichelte mit der anderen über meinen Kopf und meinen Rücken und augenblicklich verschwand die unsichtbare eiserne Hand aus meinem Nacken.

Ich wollte diesen Ort verlassen und nie wieder zurückkehren. Es war der trostloseste und unheimlichste Ort, den ich je gesehen hatte, und das, obwohl ich erst ein paar Schritte weit gekommen war. Aber ich nahm allen Mut zusammen, umklammerte die Hand des Mannes in Weiß und folgte ihm zum ersten Haus. Je näher wir kamen, desto bedrohlicher wirkte es. Es sah aus, als hätte es schon einmal gebrannt, wirkte an manchen Stellen äußerst marode – und den vielen Spinnweben an Türen und Fenstern zufolge, musste es schon lange unbewohnt gewesen sein.

„Weißt du, was das für ein Haus ist?“, fragte mich der Mann in Weiß und ließ seinen Blick traurig über das alte Gebäude streifen. Ich kannte es nicht, aber wusste intuitiv, dass es das Haus der Angst war. Allein sein Äußeres entsprach allen gruseligen und furchterregenden Klischees, die ich kannte, und ich wollte gar nicht wissen, wie es erst von innen aussehen mochte.

Wie zu erwarten, ging der Mann in Weiß direkt auf die Haustür zu. Ich folgte ihm mit zittrigen Knien. Kaum machte ich einen Schritt in das Haus, knarrten die Dielenbretter vom Fußboden, überall hingen Spinnweben und eine riesige Spinne flüchtete vor dem Lichtstrahl, der durch die geöffnete Tür kam, in eine der dunklen Ecken.

Es war genauso schlimm, wie ich es befürchtet hatte, und es wurde auch im ersten und zweiten Stock des Hauses nicht besser. Ich ekelte mich, fürchtete mich und wollte keinen Schritt mehr weitergehen. Ich wollte den Mann in Weiß gerade fragen, wann wir endlich wieder aus diesem verlassenen Haus gehen würden, da bewegte sich an der mir gegenüberliegenden Wand plötzlich ein riesiger Schatten. Ich erschrak und stieß einen lauten Schrei aus, als etwas Kleines an mir vorbeihuschte und den Schatten mit sich nahm. Natürlich, es war nur eine Maus.

„Angst lässt Dinge in deinem Leben größer und bedrohlicher erscheinen, als sie in Wirklichkeit sind. Um dich deinen Ängsten zu stellen, musst du alles genau betrachten. Es führt kein Weg daran vorbei – du musst hinsehen. Manche Schattenspiele erkennt man sofort, doch wenn man nicht genau hinschaut, können sie zu riesigen Monstern mutieren. Die meisten sehen jedoch schlimmer aus, als sie in Wirklichkeit sind. Viele machen den Fehler, ihre Augen vor ihren Ängsten zu verschließen und sie so lange wie möglich zu verdrängen. Irgendwann können sie sich gar nicht mehr daran erinnern, dass die Gründe für ihre Ängste eigentlich gar nicht so furchterregend und unbezwingbar gewesen sind. Doch je länger ihre Ängste im Verborgenen bleiben, desto diffuser und unheimlicher werden sie."

Er reichte mir einen großen Holzstab. „Was soll ich denn damit?", fragte ich ihn verdutzt und kam mir etwas lächerlich vor, ihn entgegenzunehmen. „Du kannst dich damit im Dunkeln vortasten und wenn du damit auf den Boden klopfst, werden die Tiere von allein wegrennen. Auch Spinnweben lassen sich gut damit entfernen." Ich meinte, ein leichtes Grinsen auf seinem Gesicht zu sehen, aber es war zu dunkel, um seine Gesichtszüge wirklich zu erkennen.

Immer noch leicht verwundert hielt ich den Stab in meiner Hand, und plötzlich kamen mir unzählige Bibelstellen in den Sinn, wo ein solch belangloser Stab letztlich so viel mehr als das war: Moses teilte das Meer mit dem Stab, den Gott ihm gegeben hatte. David besiegte Löwen und Bären mit einem solchen. Auch an *Psalm 23* erinnerte ich mich: *„Und ob ich schon wanderte im finsteren Tal, fürchte ich kein Unglück; denn du bist bei mir, dein Stecken und Stab trösten mich."* Vielleicht war dieser Stab also doch von größerer Bedeutung für mich, als ich dachte.

Tatsächlich fühlte ich mich mit dem Stab in der Hand gleich sicherer, da in diesem Haus in jeder Ecke etwas auf uns zu lauern schien. Schließlich gingen wir in den dritten und letzten Stock des Hauses. Die Decken hingen hier niedriger und die Schrägen des Dachs machten es an manchen Stellen schwer, aufrecht zu gehen, geschweige denn, allen Spinnweben auszuweichen. Ohne den Stock hätte ich dieses Haus wohl als wandelndes Spinnennetz verlassen.

Ich ließ den Stab etwas lauter als zuvor auf den Boden prallen – und das war auch gut so: Wegen den dichten Spinnweben und Staubschichten drang nur wenig Tageslicht durch die kleinen Dachfenster herein, doch ich sah gerade noch, wie sich eine Schlange von der Tür wegschlängelte, auf die wir gerade zuliefen. Kurz darauf war es, als ob sich was Kaltes um mein Bein herumwickelte, aber ich zwang mich, nicht darüber nachzudenken. Ein Schauer lief mir den Rücken hinunter. Ich wünschte mir einmal mehr, wir könnten dieses Haus einfach wieder verlassen, aber irgendetwas in mir sagte mir, dass es für mein Leben von unermesslicher Bedeutung war, dem Mann in Weiß weiter zu folgen.

„Wir sind hier", sagte er schließlich leise. Und ich meinte, mehrere Bedeutungen in diesem Satz zu erkennen. Zum einen fühlte ich mich für einen kurzen Moment so, als würde ich an einen Ort kommen, den ich vor langer Zeit einmal gut gekannt hatte, ja, der mir sogar sehr wichtig gewesen war, und zum anderen spürte ich, dass sich hinter der nächsten Tür etwas Besonderes befinden musste, das es wert war, dieses gesamte Gruselhaus zu durchstöbern.

Ich hielt die Luft an, während der Mann in Weiß die Tür langsam aufmachte. Es war ein winziges Zimmer, das sich dahinter verbarg. Man konnte kaum zu zweit hineintreten. Ich wollte dem Mann in Weiß gerade folgen, als ich in der Zimmerecke den zitternden Körper einer Frau sah. Ich erschrak zutiefst. Nicht nur dass in diesem winzigen Zimmer jemand war, machte mich betroffen, sondern vielmehr, dass in diesem Haus überhaupt jemand lebte.

„Versuche, sie zu lieben, denn die Liebe vertreibt die Angst", flüsterte der Mann in Weiß mir da ins Ohr.

Ich wusste nicht, wer mehr Angst hatte, die Frau oder ich. Sie sah schrecklich mitgenommen aus, war völlig verdreckt und voller Spinnweben. Ihr Alter war unmöglich abzuschätzen, so gezeichnet war sie vom Leben. Allein ihr Anblick ließ mir einen Schauer über den Rücken laufen. Ich konnte mir wirklich nicht vorstellen, wie ich sie lieben sollte. Das war zu viel verlangt.

„Ich kann das nicht. Wie soll ich das denn anstellen?", sagte ich leise zu dem Mann in Weiß. „Genauso wie ich dich liebe." Und während er diese Worte leise aussprach, fiel mir der Bibelvers aus *1. Johannes 4,18* ein: *„Wirkliche Liebe ist frei von Angst. Ja, wenn Gottes vollkommene Liebe uns erfüllt, vertreibt sie sogar die Angst. Wer sich also fürchtet und vor der Strafe zittert, bei dem ist Gottes Liebe noch nicht zum Ziel gekommen. Wir lieben, weil Gott uns zuerst geliebt hat."*

Ich wusste nicht, was genau ich tun konnte, um überhaupt erst einmal ihren leeren Blick auf mich zu lenken, aber scheinbar war das der nächste wichtige Schritt – Kontakt mit ihr aufzunehmen und sie lieben zu lernen. Also setzte ich mich vor die Türschwelle. Alles, was näher war, ließ sie erneut erzittern. So blieb ich in sicherer Entfernung sitzen und fing an, ihr einfach ein bisschen von mir zu erzählen.

Anfangs waren es nur oberflächliche Dinge, doch je mehr Zeit verging, desto mehr sprach ich über meine inneren Kämpfe, meine eigenen Ängste und Sorgen. Manchmal kam es mir so vor, als würde ich mir das alles selbst erzählen. Es gab so viele Dinge, die ich aus Angst nicht tat, und schon so lange hatte ich keinen Mut gefunden, um sie anzugehen. Doch jetzt konnte ich beim Anblick dieser zitternden Frau erkennen, wie viel Macht Angst bekommen konnte, wenn man sich ihr nicht stellen wollte.

Während ich über meine Ängste und düsteren Gedanken sprach, stellte ich fest, dass ich Dinge über mich selbst plötzlich besser verstand und mich selbst mehr lieben lernte. Ich erkannte die normalen Gegenstände hinter den unheimlichen Schatten, und die diffusen Bedrohungen verloren ihre Macht über meine Gedanken und mein Empfinden. Und während ich so redete, sah ich mich um und spürte wie die Dunkelheit, die Spinnweben und der ganze Dreck im Haus mir immer weniger Angst einflößten und ich im Dunkeln immer mehr erkennen konnte. Auch verlor die Frau nach und nach ihre bedrohliche Wirkung auf mich.

Je länger ich bei der Frau saß, desto mehr Leben kehrte in ihre zierliche Gestalt zurück. Ich hatte gar nicht bemerkt, dass der Mann in Weiß nicht mehr bei uns war, aber ich vertraute darauf, dass er kommen würde, wenn ich ihn brauchte. Plötzlich fing die Frau an, von sich zu erzählen.

Sie hatte eine zarte, sensible Seele und nahm viele Dinge, Emotionen und Stimmungen um sie herum sehr intensiv wahr und immer öfter wurden die Gefühle und Probleme anderer zu ihren eigenen. Ihre Fähigkeit, starke Gefühle wahrzunehmen und fremden Schmerz in der eigenen Seele selbst zu empfinden, brachte ihr immer mehr Leid. Zudem besaß die zarte Frau eine blühende Fantasie, doch diese hatte sie zunehmend an dunkle Orte entführt. Nach und nach hatten harmlose Geräusche, Stimmungen und Situationen sie in Angst und Schrecken versetzt.

Die Schatten in ihrem Haus hatten plötzlich größer und bedrohlicher gewirkt, der Dreck und die Spinnweben nahmen zu und diffuse Ängste ließen ein stetiges Gefühl von Beklemmung heranwachsen. Angst hatte die zarte Frau mit ihrer eigenen Vorstellungskraft gefangen genommen. Vermeintliche oder eventuell mögliche Gefahren reichten aus, um sie innerlich erstarren zu lassen, egal ob das, was sie befürchtet hatte, eintrat oder nur ihrer Fantasie entsprang. Und es gab nur zwei Wege, damit umzugehen: Kampf oder Flucht. Und da sie mittlerweile schon zu schwach geworden war, war Rückzug ihre einzige Option. So ergab sie sich dem Schmerz, der Angst und der Dunkelheit und zog sich zurück, um mögliche schmerzvolle Erfahrungen zu vermeiden.

Sie zahlte einen hohen Preis für ihre vermeintliche Sicherheit, denn so verlor sie jegliche Freiheit, überließ ihr schönes Haus ihren Ängsten und versteckte sich in diesem dunklen Eck – aus Angst, dass ihre Ängste wahr werden würden.

Schweigend hörte ich ihr zu und mir wurde schnell klar, dass wir uns sehr ähnlich waren. Ängste schränkten auch mein Leben ein, seit ich denken kann, und drängten mich immer mehr in die Enge. Sie raubten mir meine Freude und Freiheit. Meine Angst war viel zu oft zu einem trügerischen „Schutzmechanismus" geworden, der ansprang, um mich vor etwas zu beschützen, ohne dass eine reale Gefahr bestand, doch meine Fantasie fütterte sie, indem sie mir alle Horrorszenarien glaubhaft ausmalte. Auch ich hatte so einige „Zimmer" in meinem Leben, die heruntergekommen und unheimlich wirkten und die ich nur ungern betreten wollte.

Nun konnte ich mit eigenen Augen sehen, wie tückisch Angst war und ich verstand die Frau besser, als mir lieb war. Aber je mehr wir uns austauschten, ehrlich

von unseren verlassenen Zimmern erzählten und uns kennenlernten, umso lieber gewann ich sie und merkte gar nicht, wie die Zeit verging.
Ein winziger Lichtstrahl fiel durchs Fenster auf das Gesicht der zierlichen Frau, und ich bemerkte ihre ungemein feinen Gesichtszüge, die in diesem Licht wunderschön zur Geltung kamen. Dieses spärliche Licht reichte aus, um die zarten Konturen ihrer Wangen, eine Haarsträhne, die ihr ins Gesicht fiel, und ihre dichten Wimpern zu erkennen. Wo ich vorher nur schwarze Schatten gesehen hatte, konnte ich nun alle möglichen zarten Farbtöne ausmachen. Diese Farbnuancen waren jedoch nur in den Schatten zu finden und wurden nur sichtbar, wenn man sich die Zeit nahm, wirklich hinzuschauen. Sie hatten etwas unglaublich Edles und Wunderschönes an sich. Die Gestalt der zarten Frau, die vorher unheimlich, düster und bedrohlich wirkte, verwandelte sich beim genaueren Hinschauen in ein facettenreiches, eindrucksvolles Gemälde, was man stundenlang hätte betrachten können.

Ich mochte sie wirklich.

Inzwischen war der Mann in Weiß zurückgekommen und sein liebevoller Blick umhüllte uns wie eine warme Decke. „Kommt, es wird Zeit für ein Bad“, sagte er schließlich lächelnd. Ich ertappte mich dabei, jeden Satz von ihm auf sämtliche Bedeutungen hin interpretieren zu wollen, aber als mein Blick auf die Frau fiel, wurde mir bewusst, dass er diesmal wirklich nur ein Bad meinte. Sie schien meine Gedanken lesen zu können und wir fingen alle drei an, lauthals zu lachen. Es tat gut, an so einem düsteren Ort zu lachen. Auf einmal war der Ort nicht mehr von Angst erfüllt, sondern von Freude.

Der Mann in Weiß stützte die geschwächte Frau und wir führten sie in den unteren Stock, wo das Bad war. Es war ein wundervoller Raum: Alles leuchtete strahlend weiß, die Armaturen glänzten und durch das leicht geöffnete Fenster brachte ein Windhauch den Duft von frischen Blüten mit sich. Ich wusste weder, wie das Bad so sauber geworden war, noch woher ein frischer Hauch in dieser trostlosen Gegend kommen konnte, aber für den Moment war das nicht von Bedeutung.

Der Mann in Weiß hatte für die Frau ein Schaumbad eingelassen und für mich am Waschbecken ein weiches Handtuch und einen Waschlappen vorbereitet, damit ich mir den Dreck aus dem Gesicht waschen und meine Haare von den restlichen Spinnweben befreien konnte.

Als ich mich wieder einigermaßen frisch fühlte, ließ ich die Frau ins Bad, ging die Treppenstufen hinunter und verließ endlich dieses schreckliche Haus. Ich suchte den Mann in Weiß und fand ihn am Brunnen sitzend.

„Die Angst versucht, deine Sinne zu benebeln und deinen Blick zu verdunkeln, um dir dein Gefühl von Sicherheit und deine Fähigkeit, zu vertrauen, zu nehmen. Sie lässt dich vor großen Schatten erzittern und am Ende in der Finsternis erstarren. Doch da, wo Liebe ist, ist immer Raum für Vertrauen. Und wenn dein Vertrauen zunimmt, wächst auch das Gefühl von Sicherheit und somit die Bereitschaft, „sich zu trauen". So verliert die Dunkelheit nach und nach ihren Schrecken und die Angst ihre Daseinsberechtigung.

Die feine Seele der Frau war hinter all ihrer Angst und all den Schichten aus Dreck kaum noch zu erkennen, doch je mehr Verständnis und Liebe du ihr entgegenbrachtest, desto lieber hast du sie gewonnen und desto weniger Macht hatte die Dunkelheit über dich – denn du hast dich ihr entgegengestellt. So konnte die Frau wieder Vertrauen fassen, das ihr schließlich den Mut gab, sich ihrer Situation zu stellen.

Angst ist oft nur eine diffuse Bedrohung, die zur Folge hat, dass Menschen die Augen verschließen, sich zurückziehen und sich somit noch mehr der Dunkelheit hingeben. Und wenn man nicht genau hinschaut, wird das, was uns Angst macht, nur noch unheimlicher, denn je weniger man benennen kann, wovor man Angst hat, desto schwerer wird es, dagegen anzukämpfen und man bleibt innerlich gefangen."

Ich wusste, dass der Mann in Weiß nicht nur von der Frau im Haus der Angst sprach, sondern auch über meine eigenen dunklen „Lebensräume". So oft wollte ich lieber meine Augen vor meinen Ängsten verschließen und nahm dafür in Kauf, weniger Raum und Freiheiten zu haben, um mich zu bewegen und zu entfalten. Ich mochte diese ängstliche Seite an mir überhaupt nicht und wollte sie lieber verstecken, doch je mehr diffuse Sorgen und Ängste mich in die Enge trieben, desto mehr nahmen sie mich gefangen und ich distanzierte mich von den Menschen in meiner Nähe.

Ich musste an die zarte Frau denken. Obwohl ich sie in einem unangenehmen Zustand kennengelernt hatte, hatte ich unter all dem Dreck und den Spinnweben plötzlich einen Hauch ihres wunderschönen, kostbaren Wesens erhascht. Wie traurig, dass sie sich so lange nicht nach draußen gewagt hatte.

„Wenn man sich zu lange an die Dunkelheit gewöhnt hat, fürchtet man das Licht, denn es deckt auf, was vorher im Dunkeln verborgen war. Viele schämen sich dann und fühlen sich entblößt. Aufgrund der Angst, mit der eigenen Angst nicht fertigzuwerden, ziehen sich die Menschen lieber wieder zurück. Doch so unangenehm wie der erste helle Lichtstrahl nach langer Zeit auch sein mag, so wunderschön und befreiend ist es, wenn das Licht nach und nach erwärmt, was erkaltet und starr geworden ist, erhellt, was im Dunklen lag, und neu aufblühen lässt, was in dir verwelkt ist.
DENN REINES LICHT VERURTEILT NICHT – ES HEILT."

„Gehen wir zum nächsten Haus?", fragte ich den Mann in Weiß, nachdem ich lange über seine Wort nachgedacht hatte. Doch er schüttelte nur stumm den Kopf. Mit dem Bad der Frau war das Thema Angst wohl noch nicht zu Ende erzählt. Ich blickte zurück zu dem Haus und bei seinem bloßen Anblick huschte erneut ein eisiger Schauer über meinen Rücken. Ich hatte zwar viel erkannt, aber davon war das Haus optisch leider auch nicht schöner geworden. Ja, er hatte wohl recht: So konnte ich das Haus nicht zurücklassen.

Auf einmal wusste ich, was zu tun war. Ich musste das Haus putzen, von innen und von außen. Ich musste mich dem ganzen Dreck stellen und jeden einzelnen Raum ausräumen und säubern. Doch schlagartig wurde mir bewusst, dass ich das Wasser für meine Großputzaktion aus dem Brunnen schöpfen und jeden Tropfen von tief unten nach oben befördern müsste.

Die Frau mit der zarten Seele zu finden und lieben zu lernen war das eine, aber ein ganzes Haus voller Angst wieder sauber zu bekommen war noch einmal eine andere Nummer.

„Vergiss nicht, wer an deiner Seite ist." Die Worte des Mannes in Weiß schossen wieder durch meinen Kopf, während die Angst, nie mit meiner Angst fertigzuwerden, mich erdrücken wollte. Da sah ich eine wunderschöne, zierliche Frau auf uns zukommen. Sie war es tatsächlich, die Frau aus dem Haus! Ich erkannte sie kaum wieder. Sie hatte feine Gesichtszüge und eine leicht gebeugte, aber dennoch anmutige Haltung. Und sie strahlte über das ganze Gesicht! Die neu gewonnene Freiheit war ihr buchstäblich anzusehen.

Allein ihr zuliebe wollte ich zumindest anfangen, das Haus zu putzen, auch wenn mir dieses Unterfangen nach wie vor unmöglich erschien. Doch dann schoss mir wieder ein Bibelvers durch den Kopf – oder war es der Mann in Weiß, der zu mir sprach?

„Was für Menschen unmöglich ist, ist für Gott möglich." Ich war mir nicht sicher, ob er es gesagt hatte, aber ich sah, wie er mit einem Lächeln auf dem Gesicht den ersten Eimer zum Haus trug und anfing, den Boden zu wischen.

Das Putzen schien, wie befürchtet, kein Ende zu nehmen. Jedes Mal, wenn ich aufblickte und die Zimmer und Stockwerke sah, die noch nicht fertig waren, verließ mich der Mut. Die Angst vor der Angst kroch in mir hoch und versuchte, mir die Luft abzuschnüren. Der Mann in Weiß spürte ihren erstickenden Griff. „Schau nicht auf das, was du noch nicht geschafft hast und was du zukünftig noch schaffen musst. Bleib im Hier und Jetzt. Bleib bei mir. Und wenn du dich schon umschauen willst, dann schau auf das, was du schon alles erreicht hast."

Ich versuchte, seinem Rat zu folgen, doch diese Lektion war schwer für mich. Ich liebte es, wenn meine To-do-Listen so schnell wie möglich abgearbeitet waren. Wenn ich allerdings das Gefühl bekam, etwas nicht zu schaffen oder nicht so zu schaffen, wie ich es mir vorgestellt hatte, wurde ich nervös und mutlos. Und dieses diffuse, beklemmende Gefühl versuchte mich immer wieder zum Aufgeben zu bringen.

Ich ahnte also, dass die Beharrlichkeit und das Durchhaltevermögen, das ich für den Hausputz brauchte, besonders wichtige Fähigkeiten waren, die ich auch für andere Lebensbereiche trainieren sollte.

Das Merkwürdige war, dass jedes Mal, wenn ich mir einen Überblick darüber verschaffen wollte, was noch alles zu tun war und mich der Mut verließ, gleichzeitig das Wasser zum Putzen ausging. Am Anfang hielt ich es noch für einen schrägen Zufall, doch nach dem zehnten Mal wurde ich wütend. Jetzt stand mir schon die Angst im Nacken und meine Hände kribbelten nervös, während ich versuchte, mit meinen Gedanken im Hier und Jetzt zu bleiben – und dann auch das noch! Ich wurde gezwungen, wieder und wieder aufzustehen und zum Brunnen zu gehen.

Immerhin begleitete mich der Mann in Weiß jedes Mal.

Es war vermutlich das fünfzehnte Mal, dass das Wasser leer war, und ich hatte einfach keine Lust mehr. Was sollte dieser Mist? Ich war wirklich genervt.

„Der Gang zum Brunnen kommt dir wie ein Fluch vor, aber in Wahrheit ist es ein Segen", sagte da der Mann in Weiß zu mir, der wieder einmal genau zu wissen schien, was in mir vorging.

Ich verstand ihn nicht. Doch jedes Mal, ohne Ausnahme, ging mir das Wasser immer dann aus, wenn die schwarzen Schatten im Haus plötzlich unüberwindbar schienen, die Angst mich überkam und ich es nicht mehr schaffte, meinen Fokus ins Hier und Jetzt zu bringen. Um das Haus weiter säubern zu können, war ich also gezwungen, meiner Angst den Rücken zu kehren und zum Brunnen, zur Quelle zu gehen. Beim Gang dorthin erzählte ich dem Mann in Weiß alles, was mich verängstigte und frustrierte – und auf dem Rückweg ging ich an allen Räumen vorbei, die ich schon geputzt hatte. Er war immer an meiner Seite und schöpfte mir jedes Mal das Wasser aus dem Brunnen. Ohne ihn wäre das alles nicht möglich gewesen.

Ich realisierte: Es war keine Demütigung, sondern ein Geschenk, dass ich meinen Blick inmitten von Angst ändern, immer wieder neues Wasser, neuen Mut und neue Kraft schöpfen musste beziehungsweise konnte.

Und so putzte ich weiter. Trainierte, mir keine Sorgen zu machen, nicht auf das zu schauen, was mir Angst machte, sondern dem Mann in Weiß zu vertrauen, dass er nicht von meiner Seite weichen würde. Und ich spürte, je sauberer das Haus wurde und je mehr Licht, das es erfüllte, desto weniger Angst blieb zurück.

Ohne es zu merken, waren wir fertig. Im dritten Stock musste ich kein einziges Mal mehr zum Brunnen laufen. Ich hatte so gut eingeübt, im Hier und Jetzt zu bleiben und mich nicht von diffusen Schatten einschüchtern zu lassen, dass der Mann in Weiß und ich in Windeseile mit dem letzten Stockwerk fertig geworden waren. Das ganze Haus war nun blitzblank. Die Fenster sahen so sauber aus, als hätten sie keine Scheiben. Die Böden glänzten wie frisch geölte Tanzböden, und obwohl wir alles nur mit dem reinen Wasser aus dem Brunnen geputzt hatten, roch es frisch und angenehm.

Wir standen in der kleinen Eingangshalle des Hauses, die auf einmal zum Tanzen einlud. Der Mann in Weiß nahm meine Hand und drehte mich ein paarmal im Kreis. Er lachte dabei.

Ich war stolz auf mich und froh, dass ich es geschafft hatte. Dann gingen wir wieder zurück zum Brunnen und ruhten uns dort etwas aus, sprachen über die ganzen Zimmer und die zarte Frau, die sich nun wieder darin entfaltete. Sie hatte die sauberen Zimmer neu eingerichtet, jeder Raum war nun wunderschön und einzigartig. Jedes Detail passte perfekt zusammen. Ihre Fähigkeit, sich alles visuell gut vorstellen zu können, hatte sie bisher in den kleinsten Raum des Hauses eingesperrt, da sie alles Angsteinflößende in allen Facetten sehen und spüren konnte. Doch nun ließ sie ihrer Fantasie und Kreativität freien Lauf für das Positive – und erschuf ein wahres Wunderwerk aus dem Haus.

„Es stimmt: Angst versucht, unsere Stärken in Schwächen zu verwandeln, und hält in der Dunkelheit somit oft wahre Juwelen verborgen. Nur wer bereit ist, sich seiner Angst zu stellen, wird diese Schätze finden“, pflichtete der Mann in Weiß mir bei.

Die Frau mit der zarten Seele hatte aus dem Gruselhaus wirklich eine wahre Wohlfühloase geschaffen. Und der Titel „Haus der Angst“ hatte damit jegliche Berechtigung verloren.

„Wenn wir jetzt fertig sind, gehen wir dann zum nächsten Haus?“, fragte ich meinen Begleiter nach einer längeren Zeit der Stille.

„Wir sind hier leider immer noch nicht fertig“, entgegnete er mir mit trauriger Stimme. Ich schaute ihn an und sah diesen Blick, den er schon vor dem Großputz einmal gehabt hatte. Doch diesmal war es, als ob ein noch tieferer Schmerz ihn quälte.

Das Haus war in einem tadellosen Zustand. Wir hatten sogar den Weg zum Haus und den Vorgarten ordentlich gemacht. Was also konnte es sein, das noch nicht fertig war?

„Bist du bereit?“, fragte er mich schließlich.

Obwohl mir mein Gefühl sagte, dass das, was jetzt noch kommen würde, schwerer werden würde als alles bisher, wusste ich intuitiv, dass es keinen anderen Weg gab, als dem Mann in Weiß zu vertrauen. Ob ich bereit war, wusste ich nicht, aber ich wusste: Ich musste oder *durfte* selbst entscheiden, ob ich ihm vertraute. Und Vertrauen war die einzige Möglichkeit weiterzukommen.

Wir gingen also wieder auf das Haus zu, das mittlerweile so harmlos, sauber und geradezu prächtig erschien, dass ich beinahe vergaß, dass mich gleich noch etwas anderes erwarten würde.

Der Mann in Weiß blieb kurz im Vorgarten des Hauses stehen und betrachtete es: „Das hast du wirklich toll gemacht! Jetzt müssen wir uns noch die dunkelste Schattenseite ansehen ...“ Ich verstand nicht genau, was er damit meinte, doch als er langsam um das Haus herumging und ich ihm zögernd folgte, wurde mir angst und bange. Die größte Angst, die ich in meinem Leben hatte, erfasste mich zum wiederholten Male und ich wollte einfach nur weglaufen, blieb jedoch wie erstarrt stehen.

Der Mann in Weiß blickte mir tief in die Augen: „Du bist so weit. Du schaffst das. Ich bin da.“ Ich konnte seine Worte kaum verstehen, so laut pochte mein Herz in meinen Ohren. Die Angst benebelte meine Sinne. Mein ganzer Körper zitterte, doch seine letzten drei Worte drangen tief genug in mich und schafften es, mich wieder aus meiner Lähmung herauszureißen.

„Wie um alles in der Welt soll ich mich diesem tiefschwarzen Schatten stellen? Er ist einfach zu groß“, flüsterte ich beinahe stimmlos. „Vertrau mir“, antwortete der Mann in Weiß.

„Ich weiß, zu vertrauen ist an so einem finsteren Ort unglaublich schwer, denn es bedeutet, mir *blind* zu vertrauen. Und blindes Vertrauen ist die höchste Form von Vertrauen, denn es setzt voraus, dass man wirklich glaubt, der andere meint es gut mit einem und wird alles zu meinem Besten lenken. Vertrauen vertreibt Angst und lässt dich durch die schwärzeste Nacht kommen, denn da, wo ein Mensch sich entscheidet zu vertrauen, öffnet er der Liebe die Tür. Und Liebe erhellt die tiefste Nacht ... Ich weiß, dass du bisher noch nicht so weit warst. Aber jetzt bist du es. Vertraust du mir?“

Ich wusste, dass die Entscheidung, ihm zu vertrauen, bei mir lag und ich mich auch dagegen entscheiden konnte, aber auf wundersame Weise traute ich mich, ihm zu vertrauen. Ich hatte von vorne den riesigen Schatten, den das Haus auf etwas Dunkles warf, überhaupt nicht wahrgenommen. Oder vielleicht hatte ich es auch nur nicht wahrnehmen *wollen*.

„Viele wollen Schatten aus ihrem Leben verdrängen, vergessen dabei jedoch, dass dann auch die Sonne gehen müsste. Wer aber lernt, auch im Schatten des Lebens das Licht zu sehen, für den verlieren die Schatten ihre dunkle Macht. Noch kannst du es vielleicht nicht erkennen, aber das hellste Licht sieht man in der größten Dunkelheit.“

Oh, wie sehr wünschte ich, mein Leben hätte weniger dunkle Schatten. Aber tief drin spürte ich, dass sie wohl zum Leben dazugehörten; dass es ohne Schatten auch kein Licht gäbe. Und das würde bedeuten, dass weder Schönes noch Schweres passieren und das Leben immer gleichförmig vor sich hin plätschern würde. Also nahm ich meinen ganzen noch vorhandenen Mut zusammen und schob mich dicht an dem Mann in Weiß vorbei, um zu sehen, was der tiefste Schatten verborgen hielt.

Ich erkannte im ersten Moment nur eckige und kantige Umrisse. Es sah aus, als ob jemand kläglich versucht hatte, mit einem schwarzen, rostigen Blech eine Hütte um etwas herumzubauen. Sie sah so instabil und gefährlich aus, dass ich mich nicht traute, die Tür aufzumachen. Das Blech war an vielen Stellen rostzerfressen und spitz und wirkte gerade so, als würde es versuchen, etwas mit seinem ganzen Wesen bis zum Tod zu verteidigen.

„Ja, es handelt sich hier um den Tod", sagte der Mann in Weiß tieftraurig, so als hätte er wieder einmal meine Gedanken gelesen.

Innerlich stieß ich einen Schrei aus und konnte mir grade noch selbst den Mund zuhalten, um nicht auch hörbar laut loszuschreien. Ein unfassbarer Schmerz bahnte sich seinen Weg aus den Tiefen meiner Seele und suchte verzweifelt einen Weg nach draußen. Doch ich schluckte ihn wieder herunter und biss die Zähne zusammen. Und dann meldete sich wieder meine alte Bekannte, die Wut. Sie verdrängte den Schmerz und fing an, in mir zu brodeln.

„Bist du bereit?", fragte mich der Mann in Weiß erneut. Dieser Satz machte mich mittlerweile noch wütend. Wie viel sollte denn noch kommen? Ich war nicht bereit für diesen Mist! Ich wollte nur noch weg. Das Haus zu putzen, jede einzelne eklige Spinne und all den Dreck zu beseitigen, war schon anstrengend genug gewesen, und immer wieder hatte ich mich dazu bereit erklärt, weiterzumachen. Aber jetzt wurde ich mit meiner größten Angst und meinem tiefsten Schmerz konfrontiert – und wieder fragte er mich, ob ich bereit wäre.

Obwohl ich mich so über diese Frage ärgerte, klang in ihr so viel Liebe und Mitgefühl mit, was sich wie kühlender Balsam auf meine erhitzte Seele legte. Ich wusste, der Mann in Weiß würde keinen weiteren Schritt tun, wenn ich nicht weitergehen *wollte*.

Tränen der Verzweiflung liefen über mein Gesicht. In dieser Blechhütte lauerte der Tod – meine größte Angst. Nun stand ich direkt davor und die Entscheidung, ob ich hineingehen und näher hinschauen wollte, lag allein bei mir. Plötzlich begriff ich etwas. Als hätten die Tränen etwas weggewischt, das ich bisher noch nicht hatte sehen können: Ich erkannte, dass mein Innerstes schon so gut wie tot war. War also nicht genauso viel Tod vor der Blechhütte wie darin?

„Ich bin bereit", flüsterte ich schließlich leise und meine zitternde Hand suchte die des Mannes in Weiß. Er nahm sie behutsam, dann gingen wir gemeinsam auf die Hütte zu. Noch bevor ich überlegen konnte, wie wir unversehrt in die Hütte hineingelangen konnten, nahm der Mann in Weiß jedes einzelne Blech mit bloßen Händen und legte es zur Seite.

Ich sah, wie Blut von seinen Händen tropfte. Ein Blech stürzte beinahe auf ihn. Er konnte grade noch rechtzeitig zur Seite springen. Trotzdem traf es ihn hart an der Schulter. Wie gelähmt betrachtete ich die Szene, unfähig, mich zu bewegen, gefesselt von Angst, was mich hier noch erwarten würde.

Es dauerte eine Weile, bis die ganze Hütte abgebaut war. Als der Mann in Weiß zu mir zurückkam, sah ich die vielen Wunden, die sich in Schnitten und Kratzern über seinen ganzen Körper zogen. Augenblicklich überkam mich das schlechte Gewissen, hatte ich doch in der Zwischenzeit nur versteinert danebengestanden und keine Anstalten gemacht, ihm zu helfen. Mit den schlichten Worten: „Das war meine Aufgabe, nicht deine", nahm er mir diese Sorge jedoch gleich wieder ab – mit so viel Liebe in seinem Blick, dass mir trotz der Umstände kurz warm ums Herz wurde.

Langsam hatten sich meine Augen an die Dunkelheit gewöhnt und ich sah, was die Hütte verborgen gehalten hatte: drei Gräber, an deren Kopfenden jeweils ein Holzkreuz aufgestellt war. Ich erkannte sie sofort. Schmerz und tiefe Traurigkeit versuchten sich erneut, ihren Weg an die Oberfläche zu bahnen, doch ich war noch nicht dazu bereit, sie zuzulassen. Ich hatte solche Angst, dass ich nie wieder etwas anderes fühlen könnte, wenn ich sie erst einmal zuließ. Die Gefühle blieben mir im Hals stecken und schnürten mir die Luft zum Atmen ab.

Der erste Schock war vorüber und nach einer Weile näherten wir uns langsam. Ohne es lesen zu müssen, wusste ich um den Namen und die Jahreszahlen auf dem ersten Kreuz. Es war das meines Vaters. Mit 15 Jahren hatte ich schon so einiges erlebt, aber ihn zu verlieren war unvorstellbar schmerzhaft gewesen. Die Leere, die er hinterließ, hatte ein tiefes Loch in mir aufgetan, das sich durch nichts füllen ließ. Und doch schmerzte das zweite Kreuz noch mehr, denn der Schmerz über den frühen Verlust meiner Schwägerin war noch frisch und omnipräsent. Ich war noch keine 34 Jahre alt und hatte bereits zwei Grabsteine in meinem Garten stehen. Das war nicht fair!

In mir kamen Gedanken hoch, die sich von diesem gefühlten Unrecht nährten: „Gott kann mich wohl nicht ausstehen". oder „Er dachte wohl, ich wäre herzlos und mir würde das nichts ausmachen". „Er war wohl der Meinung, ich könnte alle paar Jahre einen Todesfall, dazwischen Depressionen, Frühgeburten und anderes Leid einfach so ertragen."

Auf dem dritten Kreuz war weder ein Name noch eine Jahreszahl zu erkennen. Ich konnte die Worte „Glaube, Hoffnung, Vertrauen" darauf entziffern. Mir war sofort klar, dass es die Dinge waren, die ich selbst hier begraben hatte.

Der Schmerz ließ sich nun nicht mehr zurückhalten. Ich drehte mich zum Mann in Weiß um und schrie ihn an. Er entwich mit einer solchen Wucht, als würde meine Seele schwarze Steinbrocken auf ihn werfen. Ich schrie und schrie bis alles, was tief verborgen in meinem Innersten ausgeharrt hatte, nun auf dem Mann in Weiß lag und ihn begrub.

Dann verstummte meine Seele – und es wurde merkwürdig still.

Noch konnte ich nicht ausmachen, ob der Mann in Weiß unter der Last der schwarzen Steinbrocken, die ihn zielgerichtet getroffen hatten, noch lebte. Hatten mein Schmerz und meine Wut nun auch ihn hier begraben?

Stille.

Doch da sah ich, wie der Mann in Weiß sich unter den Steinbrocken vorsichtig bewegte und sie zur Seite schob. Ich konnte ihm nicht in die Augen sehen, nach allem, was ich soeben getan hatte. „Auch das war meine Aufgabe, Liebes." Er sagte es voller Sanftheit und streichelte mir liebevoll über den Kopf.

Dann nahm er meine Hand, und ohne ein Wort zu wechseln, gingen wir gemeinsam zu den Gräbern. Wir knieten uns hin. Plötzlich fing der Mann in Weiß bitterlich an, zu weinen. Nun konnte auch ich meine Tränen nicht mehr zurückhalten, und wir weinten gemeinsam – am Grab der Menschen, die ich so sehr geliebt hatte.

Ich spürte, dass seine Traurigkeit über den Verlust dieser beiden wundervollen Menschen mindestens genauso groß war wie meine eigene. Und das erste Mal spürte ich, dass er von Anfang an treu an meiner Seite gewesen war und jede Träne mit mir geteilt hatte.

Wir weinten lange. So, als wäre hinter unser beider Augen ein randvolles Fass, das nun endlich ausgeschüttet werden durfte. Sein Inhalt bewässerte die kargen Gräber. Der Boden sog die Fluten dankbar auf wie den ersten Regen nach einer langen Dürrezeit. „Alles hat seine Zeit", dieser Vers hatte in der Todesanzeige meines Vaters gestanden. Lange Zeiten des Leidens lagen hinter mir. Nun schien die Zeit stillzustehen. Ich hatte endlich Zeit zu weinen – und Zeit zu heilen.

Meine Augen waren verquollen, doch ich sah verschwommen, wie sich etwas auf den Gräbern veränderte: Die Kreuze lösten sich auf in Tausende zarte, bunte Schmetterlinge, die in den Himmel flogen. Und dort, wo sie in die Erde gesetzt waren, wuchsen jetzt kleine Setzlinge. Sie wuchsen wie im Zeitraffer zu herrlichen Bäumen heran mit kräftigen Stämmen, hellgrün leuchtenden Blättern und zarten Blüten, die die Luft mit wunderbarem Duft erfüllten. Solch wunderschöne Bäume hatte ich nie zuvor gesehen; sie schienen nicht von dieser Welt zu sein. Ich sah, wie Vögel ihre Nester in den Baumkronen bauten, wie die Blüten Bienen und Schmetterlinge anzogen. Die Bäume strahlten Schönheit, Majestät und pures Leben aus. Sie riefen in mir eine tiefe Sehnsucht wach, an den einen Ort zu kommen, wo das Leben in Fülle war und wieder sein wird: Eden.

„Was du hier siehst, ist ihr Vermächtnis", sagte der Mann in Weiß zu mir und blickte tief gerührt zu den prächtigen Baumkronen empor. Wir standen im angenehmen Schatten der Bäume, und das Licht, das durch ihre Blätter fiel, tanzte einen ausgelassenen Lichterblättertanz.

„Sie haben viel gelitten und ihre Krankheit tapfer getragen, aber ihr Leben war so viel mehr als ihr Leiden. Es hat Schönheit, Kraft und neues Leben hervorgebracht."

Er sprach weiter: „Deiner größten Angst entgegenzutreten, deinen Schmerz, deine Trauer und deine Tränen über ihren Verlust zuzulassen, war sehr wichtig, denn nur dadurch wurden diese zarten Pflänzchen mit Wasser versorgt. Nur so konntest du sehen, wie sie zu diesen mächtigen Bäumen heranwachsen und aufblühen.

Vielen bleibt dieser Anblick ihr Leben lang verwehrt, weil sie sich nicht trauen, diese Schattenseite des Lebens überhaupt zu betreten, geschweige denn ihren Schmerz und ihre Trauer mit mir zu teilen. Sie wollen ihn lieber für sich behalten und sperren ihn, wie du es auch lange getan hast, tief in ihrer Seele ein. Aber dadurch erfahren sie nicht, wie viel Leben und Schönheit im Schatten des Lebens sein kann."

Ich war tief bewegt und dankbar darüber, dass ich mithilfe des Mannes in Weiß nicht in meinem Schmerz stehen geblieben war. Der Anblick der Bäume zeigte mir, wie viel Leben und Hoffnung sowohl mein Vater als auch meine Schwägerin versprüht hatten. Und nun standen beide, symbolisch als Bäume des Lebens, prachtvoll und in voller Stärke vor mir. Ich wusste, dass sie nur so große, starke Bäume werden konnten, weil sie so eng verbunden waren mit der Quelle, und weil ihre Wurzeln tief und fest waren.

„Dein Vater wäre heute sehr stolz auf dich, und deine Schwägerin hatte sich so sehr gewünscht, dass du nicht an ihrer Krankheit zerbrichst."

Wieder kamen mir die Tränen, doch diesmal waren es Tränen der Rührung und der tiefen Liebe für die beiden Menschen, die mein Leben wie kaum jemand anderes geprägt hatten. Ich vermisste sie unheimlich und wünschte, ich könnte diesen besonderen Moment mit ihnen teilen und ihnen für alles, was sie ertragen hatten und was sie für mich gewesen waren, danken. Doch ich spürte, dass ihr Vermächtnis und das, was sie in mich und andere investiert hatten, noch so viel größer war als das, was ich in diesem Moment nur erahnen konnte.

An diesen finsteren Ort zu kommen und mich dort meiner größten und tiefsten Angst zu stellen, war eine der schwersten Aufgaben, die ich je hatte meistern müssen. Es bedeutete, zu akzeptieren, dass diese furchtbaren Dinge in meinem Leben passiert waren, dass Gott sie zugelassen hatte und dass ich beinahe an ihnen zerbrochen wäre – und dass ich trotzdem zum Leben berufen war.

Der Weg bis hierher war lange und unfassbar schmerzhaft gewesen, doch an einen Ort des Todes zu kommen und genau da neues Leben aufblühen zu sehen, berührte mein Herz zutiefst. Am dunkelsten Ort, den ich mit allen Mitteln versucht hatte zu vergessen, erstrahlte plötzlich Gottes Größe und Liebe heller als je zuvor. Der schwarze Schatten wurde von seinem ewigen Licht durchbrochen und dieser schmerzhafteste Flecken Erde barg das Geheimnis tiefster Heilung.

Ich erinnerte mich an einen Gedanken, der mich an Ostern, einige Wochen vor dem Tod meiner Schwägerin, beschäftigt hatte: „Was, wenn ihre Geschichte, egal wie sie hier auf Erden endet, Gottes Größe zeigt und andere Menschen dadurch zu Gott und einer neuen Hoffnung finden? Was, wenn der Tod in Wahrheit Leben bringt?"

Ich war fest davon überzeugt gewesen, dass meine Schwägerin gesund werden und durch dieses Wunder Gottes Größe gezeigt werden würde. Aber konnte es sein, dass gerade durch diesen tiefen Schmerz erst diese tiefe Heilung möglich war, wenn selbst der Tod im Angesicht Gottes den Schrecken verliert? Was, wenn Menschen, deren Schmerz sie innerlich sterben ließ, durch diese Erfahrung erleben, dass ein neuer Weg der Hoffnung und Heilung möglich war? Und was, wenn Gott sogar über den Tod hinaus neues Leben ermöglichen konnte?

Ich hatte nach wie vor unzählige Fragen an Gott. Noch immer schmerzte mich vieles und noch immer wünschte ich mir, ich hätte diese Verluste nicht erleben müssen. Gleichzeitig spürte ich jedoch, dass sich etwas in meinem Herzen verändert hatte. Der schmerzhafteste Teil meiner Geschichte und der zuvor scheinbar ewige Marsch durch das finstere Tal nahmen eine neue Wendung.

DIE TRAUER MACHTE PLATZ FÜR NEUES LEBEN.

DER UNERMÜDLICHE KAMPF GEGEN
DEN SCHMERZ KAM ZUM STILLSTAND.

AM ENDE DES TALS WAR LICHT.

Es war so viel in mir vorgegangen, dass ich völlig vergessen hatte, dass es ja noch ein drittes Kreuz gab. Hier lagen mein Glaube an Gott und meine ganze Hoffnung begraben. Ich sah, wie der Mann in Weiß hinging, das Kreuz ausgrub und auf seinen Rücken nahm. „Das trage ich für dich" war alles, was er dazu sagte. Müde, erschöpft, aber dennoch erfüllt, nahm ich sein Angebot dankbar an.

„Siehe", sagte der Mann in Weiß ruhig zu mir. Ich blickte auf und sah erstaunt, dass wir plötzlich vor einem großen Thronsaal standen. Der Saal war lichtdurchflutet, die Wände und Böden aus purem Gold. Es war atemberaubend. Am Ende des langen Teppichs, der vor uns ausgelegt war, sah ich sie stehen: meinen Vater und meine Schwägerin. Sie lächelten mich an und ihr ganzes Wesen versprühte pure Schönheit, unendliche Liebe und überfließendes Leben. Der tiefe Friede, den ihre Augen ausstrahlten, ließ meine Seele den letzten stechenden Schmerz loslassen, denn ich spürte, dass sie selbst mit Gott und ihrem Schicksal versöhnt waren.

Dieser kurze Blick in den Himmel tröstete mich und gab mir Mut, meinen Weg der Heilung weiterzugehen.

Als wären wir im hohen Norden, war es, ohne dass ich es richtig bemerkt hatte, dunkel geworden. Dicke Wolken verdunkelten den Nachthimmel und ließen weder Mond noch Sterne strahlen. Das diffuse Gefühl der Angst wollte sich gerade wieder in mir breitmachen. Doch anders als bisher blieb ich diesmal ruhig und fragte in die tiefschwarze Nacht hinein: „Wo bist du?" Und noch bevor ich seine Stimme hörte, sah ich ein warmes Licht. Es erinnerte mich an das Nachtlicht meiner Kinder. Es war nicht hell, aber hell genug, um mich zu orientieren. Ein Bibelvers schob sich in meine Gedanken: *„Ich bin das Licht der Welt. Wer mir nachfolgt, der wird nicht wandeln in der Finsternis, sondern wird das Licht des Lebens haben" (Johannes 8,12).*

„Ich bin da", sagte der Mann in Weiß dann und nahm meine Hand. Da zogen die Wolken weiter und gaben den blauen Nachthimmel mit seinen unzähligen funkelnden Sternen frei. Auch die Mondsichel schob sich hinter den letzten Wolken hervor und strahlte nun mit den Sternen um die Wette. Und als wäre das nicht genug, überzog ein Polarlicht den ganzen Himmel und malte mit seiner tanzenden Farbenpracht ein atemberaubendes Lichtspektakel auf die nachtblaue Leinwand.

„WER MIR VERTRAUT UND DIE ANGST ÜBERWINDET, ERKENNT SCHÖNHEIT MITTEN IN DER NACHT. DAS SCHÖNSTE LICHT OFFENBART SICH ERST IN DER TIEFSTEN NACHT."

In tiefer Ehrfurcht stand ich an der Seite des Mannes in Weiß und staunte über die unendliche Schönheit der Schöpfung, die hier, in der tiefsten Nacht, so verschwenderisch und in voller Pracht am Himmel erstrahlte.

Das schönste

LICHT

OFFENBART SICH IN DER TIEFSTEN NACHT.

ANGST *frei*

Angst zieht auf und kreist mich ein.
Helles wird von Dunklem eingenommen.

Der Blick verschiebt sich auf die Schatten.
Sie werden größer und bizarrer.

Die Realität wird durch diffuse Gefühle und Gedanken zur Bedrohung. Die Augen fest verschlossen – ich sehe nur noch schwarz.

Doch wo Schatten sind, ist auch Licht zu finden. Im Hinschauen offenbaren sich die zarten Farben, ein feines Spiel aus Licht und Schatten – einem Kunstwerk gleich.

Inmitten von Dunkelheit erscheint das wundervollste Licht. Es bewegt das Innerste, berührt die Sinne, tröstet die Seele und vertreibt die Angst.

Insel der UNBESCHWERTHEIT

Der Mann in Weiß forderte mich auf, mitzukommen und eine Pause zu machen.

„Warum denn?“, fragte ich ihn, doch im selben Moment spürte ich, wie unglaublich müde und erschöpft ich war – und meine Frage erübrigte sich.

„Es ist Sonntag. Zeit für eine Pause“, sagte er nur und ging los.

Ich hatte kein Zeitgefühl und wusste nicht, an welchem Tag ich hergekommen war oder ob Tage hier überhaupt eine Rolle spielten, aber dennoch war ich dankbar, dass ich eine Pause machen konnte.

Wir gingen aus der schwarzen Festung zum Tor hinaus und kamen nach kurzem Fußweg zu einem See. An seinem Ufer war ein kleines Boot festgebunden. Wir stiegen ein und paddelten eine Weile, bis wir an einer winzigen Insel anlegten.

Alles fühlte sich leicht und unbeschwert an. „Sie heißt so“, sagte der Mann in Weiß nur. „Was meinst du?“, fragte ich erstaunt. „Das ist die Insel der Unbeschwertheit“, antwortete er lächelnd.

Irgendwie spürte ich, dass auch diese Insel etwas mit mir zu tun hatte. „Aber warum ist sie denn so klein?“ Noch bevor ich die Frage ausgesprochen hatte, wusste ich die Antwort und schaute beschämt zu Boden. Die Insel war so winzig, weil Unbeschwertheit nicht gerade zu meinen Stärken gehörte. Und das war noch positiv ausgedrückt.

„Es spielt keine Rolle, wie groß die Insel ist, sondern wie oft man sich auf ihr aufhält“, sagte der Mann in Weiß, der mir wieder einmal mitten ins Herz blicken konnte, und etwas erleichtert atmete ich auf.

Ich legte mich in die Hängematte, die ich entdeckt hatte, schloss die Augen und genoss einfach den Moment.

Später erkundete ich die Insel noch ein wenig, und je länger ich lief, desto größer erschien sie mir. Der Mann in Weiß hatte sich zu mir gesellt und klärte mich auf: „Du hast recht. Je mehr Zeit man an einem Ort verbringt, desto mehr Bedeutung bekommt er – und desto mehr Raum nimmt er in dir ein.“

Ich ahnte, dass das eine tiefe Wahrheit war, die nicht nur für diese Insel galt, sondern leider auch für die Festung. Aber für den Moment entschied ich mich, im Hier und Jetzt zu bleiben und die Aussicht auf das tiefblaue Wasser zu genießen, während ich meine Füße vom Steg baumeln ließ.

Alles zu seiner ZEIT

ER HAT ZEIT, ER HÄLT AUS,
ER WEINT MIT UND ER HEILT,

ALLES ZU SEINER ZEIT.

LOVE & MISS *You*

Heute vor einem Jahr haben wir dich an den Himmel „verloren". Die Erde hat geweint, der Himmel hat gejubelt. Vergängliches wurde zu Ewigem.

Mit deinem Einzug in den Himmel ist meine Hoffnung gestorben, mein Glaube an einen guten Gott zerbrochen, und mein Weg wurde so dunkel, dass ich die Orientierung verloren habe.

Ich wusste nicht, ob ich sie jemals wiederfinden werde, denn Dunkelheit umgab mich und lastete so schwer auf mir, dass es unmöglich schien, wieder aufzustehen.

Der Weg durch die schwarze Nacht war lang und schwer.

Aber zu sehen, dass ein Mensch, der dicht an deiner Seite stand, darum kämpfte, wieder aufzustehen, der trotz des Schmerzes seinen Weg mit Gott treu weiterging und es durch die Gnade des Höchsten schaffte, die Perspektive zu wechseln und Trauer in Dankbarkeit zu verwandeln, war das erste Licht am dunklen Himmel.

Stern um Stern erschien am schwarzen Nachthimmel: eine Familie, in der einer den anderen trägt, Freunde, die mittragen und mitfühlen, geschenkte Zeit, um den Schmerz und die Wut zuzulassen, ein Erhaschen von Schönheit beim Anblick der erblühenden Welt im Frühling und eine Begegnung mit dem, der alles in seinen Händen hält.

Er hat Zeit, er hält alles aus, er weint mit und er heilt – alles zu seiner Zeit.

Du fehlst so sehr, aber wir werden dich wiedersehen. Und du wirst strahlen in voller Schönheit und Stärke wie eh und je.

Love and miss you!

Ich hatte DICH

Der erste Todestag meiner Schwägerin hatte besser begonnen als der Rest der Woche. Und jetzt, jetzt war er vorbei. Dachte ich.

Ich wollte den Tag abschließen, doch plötzlich hagelten wieder die alten Bilder auf mich ein. Der ganze Schmerz, die ganze Verzweiflung und die altbekannte Angst überkamen mich: die immer wiederkehrende Angst vor großem Leid und unheilbaren Krankheiten. Die Angst, nicht die richtige Hilfe zu bekommen und die Kontrolle über meine Gesundheit und mein Leben zu verlieren. Ich war wie gelähmt. Die Gedanken nahmen mich ein wie eine schwarze Armee die gefallene Stadt.

Ich dachte, meine Erlebnisse mit dem Mann in Weiß im ersten Haus hätten alle Ängste ausgelöscht, doch Heilung und das Erkannte einzutrainieren brauchten offensichtlich mehr Zeit, als mir lieb war.

Ich fühlte mich verwundet, der Tag hatte erneut das vertraute Gefühl der Hilflosigkeit zutage gefördert, doch während ich innerlich nach Hilfe schrie, tauchten in meinen Gedanken wieder und wieder folgende Sätze auf:

ICH BIN ES, DER DEINEN KÖRPER, DEINE ZEIT, DEIN LEBEN HÄLT.

ICH HALTE DICH.

Nach einer halben Ewigkeit, in der diese Sätze in Dauerschleife meine Gedanken durchströmt hatten, drangen sie endlich zu meinem Herzen durch.

Er, der die Welt erschaffen hatte, hatte alles in seinen Händen. Die Kontrolle über mein Leben hatten weder Ärzte noch irgendwelche Medikamente. Keine Zelle meines Körpers konnte sich verändern, wenn ER es nicht zuließ. Das Leben lag in seinen Händen. *Mein* Leben lag in seinen Händen. Ich schloss meine Augen.

„Komm, leg dich neben mich", flüsterte der Mann in Weiß. „Lass die Welt für diesen Moment hinter dir und schau nur auf mich." Ich fragte mich kurz, was mir das bringen sollte, doch als mein Rücken den Boden berührte und ich in den sternenübersäten Nachthimmel blickte, begriff ich, was er meinte. Der Welt den Rücken zugewandt, und meinen Blick gen Himmel erhoben, erblickte ich *ihn* selbst. Ich war umgeben von seiner Schöpfung, und seine Herrlichkeit und Majestät erstreckten sich über den ganzen Himmel. Es war, als läge ich in seinen Händen und könnte ihm gleichzeitig in die Augen blicken.

ICH HATTE MEIN LEBEN NICHT IN DER HAND.
ICH MUSSTE MICH FALLEN LASSEN IN DEM VERTRAUEN,
DASS ER MICH HÄLT.

UND ER HIELT MICH.

Ich spürte, wie die ganze Angst aus meinem Körper wich, und ein Friede, der alles Verstehen überstieg, durchströmte mein Sein und ließ mich schließlich ruhig einschlafen. In den nächsten Wochen, wenn die Angst wieder einmal versuchte zurückzukehren, legte ich mich auf den Boden im Wohnzimmer und erinnerte mich an seine Worte. Es war, als trainierte ich meinen Muskel des Vertrauens, indem ich mich an seine Worte erinnerte und daran festhielt, dass er mich hielt. Und ich spürte, wie mein Inneres ruhiger wurde und wie ich seinen Worten mehr und mehr vertraute.

Das zweite HAUS

Es waren einige Wochen vergangen, seit ich mit dem Mann in Weiß im ersten Haus gewesen war. Am liebsten wäre ich damals gleich ins nächste Haus gezogen, getrieben von Neugierde und der Angst, etwas Wichtiges zu verpassen. Ich wusste aber auch, dass ich noch nicht so weit war. Und ich hatte gelernt, dass Gott genug Zeit hatte, um zu warten, bis der richtige Zeitpunkt gekommen war. Doch nun war er da und ich spürte, ich sollte mich dem nächsten Haus stellen.

Ich stand erneut vor dem schwarzen Tor. Auch diesmal lief bei dem Gedanken, dieses düstere Areal gleich wieder zu betreten, ein kalter Schauer über meinen Rücken. Ich holte tief Luft und wagte einen Fuß vor den anderen. Von Weitem sah ich den Mann in Weiß am Brunnen sitzen. Er schien schon auf mich zu warten und ich freute mich, ihn zu sehen.

„Hallo, meine Kleine!" Er umarmte mich herzlich und wir unterhielten uns eine Weile – fast so, als hätten wir uns in einem Café zum Plaudern getroffen. Obwohl ich beinahe schon darauf gewartet hatte, traf mich die Frage dann doch wie ein Schlag und ließ mich kurz zusammenzucken: „Bist du bereit?" Augenblicklich verspannte ich mich und lächelte gequält. Dann nickte ich.

In der Ferne konnte ich ein wunderschönes, großes Doppelhaus erkennen. Es strahlte hell und freundlich. Ich war erstaunt, denn im Gegensatz zu dem letzten Haus schien dieses wie aus einem Katalog ausgeschnitten zu sein, so perfekt wirkte es. Doch ein merkwürdiges Gefühl beschlich mich.

Die rechte Haushälfte war offensichtlich bewohnt. Vorhänge wehten in den Fenstern, die Sonne strahlte auf die schön hergerichtete Terrasse, und ich erkannte die Umrisse einer schlanken Frau mit langen Haaren, die singend in der Küche hantierte, während Kinderlachen aus dem Garten hinter dem Haus ertönte.

Obwohl dieses ganze Szenario wie aus einem Heile-Welt-Werbespot wirkte, wurde mir beinahe übel. Ich fühlte mich schlagartig schwach. Meine Mimik verfinsterte sich, meine Hände verkrampften und ich biss mir so stark auf die Lippen, dass es schmerzte. Ich wollte den Mann in Weiß fragen, wieso ich so reagierte, aber ich war schon so aufgewühlt, dass ich seine Antwort eigentlich gar nicht hören wollte.

„Wollen wir reingehen?", hörte ich ihn fragen, während er auf die linke Hälfte des Hauses zuging. Ich wandte meinen Blick ab von der idyllisch und perfekt wirkenden Doppelhaushälfte und blickte hinüber zur anderen Seite des Hauses. Ich hatte es geahnt: die komplette Haushälfte lag im Schatten, so als hätte jemand in der Mitte des Hauses eine Linie gezogen und auf die linke Hälfte mit einem Bearbeitungsprogramm einen dunklen Filter gelegt.

Das konnte doch nicht wahr sein! Natürlich hatte schon wieder ich die Schattenhälfte erwischt! Mein ganzes Leben lang ging das schon so.

Alle anderen haben Kinder bekommen, ohne das neue Leben direkt auf der Intensivstation zu begrüßen; hatten ihre Traumwohnung mit Garten gefunden, ohne so lange suchen zu müssen; hatten einen Aufenthalt im Ausland gemacht, ohne ihn abbrechen zu müssen, weil ihnen mal wieder alles zu viel wurde; hatten ihren Traumjob erhalten, ohne dass sie in einer Depression endeten. Und ich? Ich musste für alles kämpfen, hart arbeiten und kam gefühlt doch nie an das Glück der anderen heran.

Ich wollte nicht in dieses Haus. So schön es auch aussehen mochte, so bitter war das Gefühl, immer nur die zweite Wahl zu bekommen.

„Bist du bereit?", erklang es in meinen Ohren. Ich war so mit mir selbst beschäftigt, dass ich nicht einmal ausmachen konnte, ob das nur in meinen Gedanken oder der Mann in Weiß war. Aber ich wusste, ich selbst musste entscheiden, ob ich mich dem stellen wollte, was da offensichtlich in mir brodelte, oder nicht. Der Mann in Weiß ließ mir die Wahl.

Obwohl das Äußere dieses Hauses, im Gegensatz zum ersten Haus, nicht einmal ansatzweise Angst und Schrecken in mir auslöste, fiel mir die Entscheidung, es zu betreten, schwerer als erwartet. Ich spürte, dass dieses Haus einen neuen tiefen Schmerz aus mir hervorholen würde. Einen, der subtiler und unangenehmer als der Schmerz im ersten Haus war. Denn dass ich viel Angst hatte, konnte jeder, der meine Geschichte kannte, nachvollziehen, und viele brachten mir Mitgefühl und Verständnis entgegen, wenn sie merkten, dass ich meine Angst wieder einmal nicht loswerden konnte oder wollte. Aber das Gefühl, das mich bei diesem Haus beschlich, war ganz anders – und weniger „salonfähig".

Es fühlte sich an, als wäre ich im Netz einer Spinne gelandet, die mich mit ihrem Gift betäubte und dann mit ihren Spinnfäden fesselte und gefangen nahm. Und dieses Gift hieß ...

NEID.

Äußerlich gab es keinerlei Anzeichen dafür, aber das Gift durchdrang meinen ganzen Körper und verfälschte meine Wahrnehmung, sodass ich nichts mehr klar erkennen konnte.

Ich versuchte, mich aus dem widerlichen Spinnennetz zu lösen und mich nicht weiter vom Neid derart in Beschlag nehmen zu lassen. Mit letzter Kraft rang ich mich innerlich dazu durch, mich dem zu stellen, was mir diese unangenehmen Gefühle bereitete. Ich entschied, ins Haus zu gehen – und mit dieser Entscheidung gab mich das Spinnennetz fürs Erste frei.

Der Mann in Weiß hatte meine Entscheidung gespürt und mich an der Hand genommen. Gemeinsam gingen wir auf das Gartentor zu. Es quietschte ohrenbetäubend, obwohl es neu aussah. Ich merkte, wie genervt ich schon wieder war, riss mich aber, so gut ich konnte, am Riemen.

Wieder stieg dieses bittere Gefühl in mir hoch: Ich fror im Schatten meiner Haushälfte, während die Sonne scheinbar jeden Winkel der anderen Hälfte erhellte.

Ich war positiv überrascht, als wir das Innere des Hauses betraten: Es war alles recht bescheiden eingerichtet und die Farbpalette war auf Grau, Beige und Weiß reduziert. Etwas kühl und zurückhaltend für meinen Geschmack, aber es hatte Potential. Es war jedenfalls längst nicht so schlimm wie befürchtet. Meine Hände entkrampften sich. In den Zimmern waren weder Bilder noch Pflanzen noch sonstige Dekorationen vorhanden, aber ich machte mir nichts daraus, denn ich hatte schon viele Ideen für die Einrichtung.

Ich war fast schon euphorisch, als plötzlich ein kühler, unangenehmer Wind durch das Haus wehte. Ich wusste nicht, woher der Wind kommen mochte, denn ich konnte nirgendwo ein offenes Fenster sehen, aber augenblicklich veränderte sich meine Stimmung. Das widerliche Gefühl, zu kurz zu kommen, überkam mich wieder. Plötzlich stand ich vor einer riesigen Glasfront, die anstelle der ursprünglichen Trennwand zu der anderen Haushälfte mitten durchs gesamte Haus verlief. Ich konnte nun direkt in das Haus der anderen Familie schauen, doch sie schienen mich nicht sehen zu können.

Ich blickte in ihr wunderschön eingerichtetes, stylisches und doch gemütliches Wohnzimmer. Sah die atemberaubenden Fotografien und Bilder an den Wänden, die großen Pflanzen, die hübsche Vase mit frischen Pfingstrosen auf dem großen Holzesstisch und das frische Obst in der goldenen Schale, die auf der großzügigen Kücheninsel stand. Es wäre das perfekte Covermotiv für ein Schöner-wohnen-Magazin gewesen ...

Soziale Medien ermöglichten es ja mittlerweile, genau so in jedes Haus zu blicken, wie ich das gerade tat. Die schönsten Einrichtungen, die perfekten Häuser und die für einen selbst unerreichbaren, doch von anderen gelebten Träume waren immer nur einen Klick entfernt. An manchen Tagen konnte ich sie mir einfach ansehen, wurde inspiriert und scrollte dann weiter. Aber an anderen Tagen wollte ich alles, was ich sah, selbst haben. *Wenn ich so wohnen würde, dann wäre ich auch so glücklich wie diese Menschen mit ihrem Zahnpasta-Lächeln auf diesem Instagram-Account. Wenn alles in meinem Leben so schön wäre, würde auch ich aufblühen und könnte zeigen, wer ich wirklich bin.* Gedanken wie diese schossen mir dann in den Kopf und ließen mich nicht mehr los. So auch in diesem Moment.

Mir wurde bei dem Anblick der anderen Haushälfte so übel, dass ich Angst hatte, mich übergeben zu müssen. Gleichzeitig schmerzte mein ganzer Körper, so als hätte sich das Spinnennetz in ein Netz aus Stacheldraht verwandelt.

Der Mann in Weiß hatte bisher nichts gesagt, und wenn ich ehrlich war, hatte ich ihn fast vergessen, seit wir ins Haus gegangen waren.

„Das Gift des Neides bereitet dir diese Übelkeit. Je länger es in dir bleiben darf, desto stärker kann es wirken. Die Übelkeit zeigt dir, wie übel der Neid ist", sagte er traurig und fuhr dann fort: „Wie eine Spinne ihre Beute, so vergiftet der Neid erst dein Inneres, bevor er dich einschnürt und unfähig macht, dich zu bewegen, geschweige denn dich zu entfalten."

„Hilf mir!“, flehte ich ihn an. Denn wenn ich etwas hasste, dann waren es Übelkeit und Spinnen.

„Ich kann dir erst helfen, wenn du bereit bist, loszulassen.“

Ich sah aus dem Augenwinkel, wie die schöne Nachbarin die Treppenstufen hochlief. Der Mann in Weiß erklomm auch auf unserer Seite die Stiegen, und mich beschlich das Gefühl, dass es hier nicht nur darum ging, schöne Inneneinrichtung zu bewundern. Die Übelkeit hatte sich wieder etwas gelegt, also machte ich mich auf den Weg nach oben. Auch dort war alles eher spärlich eingerichtet. So viel Potenzial ich im Erdgeschoss noch erkannt hatte, so unangenehm und beinahe abweisend empfand ich es hier oben. Wir traten ins Schlafzimmer. Wie mittlerweile zu erwarten war, strahlte auch das Schlafzimmer weder Schönheit noch Gemütlichkeit aus. Ich wollte gerade weitergehen, als ich wieder die Glasfront bemerkte, die den Blick ins andere Haus freigab. Ich sah, wie die Frau zu ihrem großen Kleiderschrank ging und verschiedene Kleider herausnahm. Sie hielt eines nach dem anderen an ihren Körper, begutachtete die Kleidungsstücke, und man konnte an ihrem Gesichtsausdruck erkennen, dass sie sich sowohl in ihrer Garderobe, als auch in ihrer Haut sehr wohlfühlte. Das war ja auch kein Wunder, die Frau hatte die perfekte Figur und atemberaubende Kleider. Wie um alles in der Welt sollte sich jemand wie sie auch nicht wunderschön fühlen?

Wieder einmal wurde mir bewusst: Egal, wo man auch hinblickte, ob auf Instagram, in Werbungen oder Filmen – überall waren sie zu sehen, die schönen und perfekten Menschen. Die Frauen, die nach der Geburt alle Kilos innerhalb einer Woche wieder verloren hatten und ohne Diäten und übermäßigen Sport die perfekte Figur am Strand präsentieren konnten. Sie hatten es geschafft – im Gegensatz zu mir. Ich konnte den Süßigkeiten nicht widerstehen. Und ich fand keine Zeit für Sport, abgesehen davon, dass er mir schlicht und ergreifend keinen Spaß machte. Die anderen Frauen waren glücklich, denn im Gegensatz zu mir schienen sie makellos. So wie diese Nachbarin.

Die Übelkeit überkam mich erneut und ich rannte ins Bad. Aber ich musste mich nicht übergeben, auch wenn das mittlerweile eine Erleichterung gewesen wäre.

„Neid sucht das Spiegelbild des anderen und verliert dabei sich selbst. Neid vergleicht und wertet immerzu, egal, wie hoch der Preis ist. Neid sieht nur, was nicht ist, aber nimmt nicht mehr wahr, was ist. Dabei ist vieles anders als du denkst. Du siehst nur nicht richtig hin“, sagte der Mann in Weiß traurig und legte seine Hand auf meinen gebeugten Rücken. *Ich habe schon viel zu viel gesehen,* dachte ich genervt, verkniff mir aber einen Kommentar.

Anders als beim ersten Haus empfand ich seine Gegenwart hier beinahe als unangenehm. Ich fühlte mich schwach und allen unterlegen. Es war, als ob irgendwas in mir ihn von mir stoßen wollte.

„Bist du bereit für den Rest?", fragte er mich. Für einen kurzen Augenblick erhaschte ich seinen Blick, der voller Mitgefühl und Verständnis auf mir ruhte.

Ich war bereits entkräftet und genervt. Die Magensäure brannte mir im Hals und mittlerweile hatte ich das Gefühl, mein ganzer Körper wehrte sich schmerzhaft gegen die Konfrontation mit dieser scheinbar perfekten Welt, die mir versperrt blieb.

Als Nächstes öffnete der Mann die Tür zum Kinderzimmer. Schon an der Tür wollte ich auf dem Absatz kehrtmachen und gehen. Zum ersten Mal in diesem Haus kamen mir die Tränen, doch ich erstickte sie im Hals.

Das Zimmer war trist, geradezu trostlos eingerichtet. Der Anblick schmerzte mich so sehr, dass ich es kaum aushielt.

Ich hörte Kinderlachen und Jauchzen, doch es waren nicht meine eigenen Kinder, die so ausgelassen spielten. Ich sah mich selbst, wie ich auf dem Boden neben meinen Kindern saß. Ich verschwand beinahe in der tristen Umgebung, als hätte ich mich mit Camouflage getarnt. Meine Kinder saßen vor mir und spielten, doch ich war unfähig, mich auf sie einzulassen. Wieder wurde mein Blick fast magisch angezogen von dem, was sich hinter dem Glas bei den Nachbarn abspielte. Deren Kinderzimmer war atemberaubend eingerichtet, die Kinder spielten fröhlich und alles wirkte wie im Bilderbuch.

Wenn wir auch so ein Kinderzimmer hätten, der Start in das Familienleben nicht auf der Intensivstation gewesen wäre und wir jetzt nicht jede Nacht von meinen Töchtern aufgeweckt würden, könnten wir auch so fröhlich zusammen spielen. Wir würden zusammen lachen und sie würden mich als ihre Mutter lieben. Ich wäre geduldig und freundlich und hätte Energie und Freude an allem, dachte ich mir.

Aber seit der Geburt meiner ersten Tochter hatte ich vergessen, was Durchschlafen bedeutete. Ich hatte zu wenig Energie, zu wenig Geduld, zu wenige tolle Spielsachen, zu wenig Ahnung, was eine gute Mutter alles machen sollte – ach, überhaupt zu wenig ... Ich müsste das Kinderzimmer so einrichten wie die Nachbarin, ich müsste geduldiger, entspannter und witziger sein, kurz: so sein wie sie. Dann wäre ich eine gute Mutter.

Ich war wie gelähmt und spürte nicht einmal, dass meine kleine Tochter versuchte, auf meinen Schoß zu krabbeln. Meine Kinder schienen die Nachbarn nicht zu sehen. Auch wirkten sie nicht unzufrieden, aber ich selbst hielt es nicht mehr aus. Ich stand wie von der Tarantel gestochen auf, rannte von Zimmer zu Zimmer und ließ die Jalousien herunter, bis es in jedem Raum stockdunkel war. Ich konnte den Anblick der Nachbarn und im Vergleich dazu mein eigenes Haus nicht mehr ertragen. Ich wollte lieber in einem kleinen Häuschen weit weg von allem sein, als hier neben der perfekten Familie zu wohnen. Täglich damit konfrontiert zu werden, wie unfähig, unperfekt und geradezu lächerlich ich im Vergleich zu ihnen war, war einfach unerträglich.

Wie ein vergiftetes Tier im Netz der Spinne wand ich mich und versuchte zu entkommen. Dann gab ich auf und schlief erschöpft ein. Ich spürte, wie der Mann in Weiß mich auf seine Arme nahm und wegtrug. Ich wollte meine Augen nicht aufmachen. Ich hatte genug gesehen und das Gift des Neides ließ mich wie in Narkose in einen Tiefschlaf fallen.

Als ich aufwachte, merkte ich, dass wir im Schatten eines Baumes am Brunnen saßen. Der Mann in Weiß hatte gerade frisches Wasser geschöpft und ein saftiger Apfel lag auf dem Rand des Brunnens.

„Trink erst mal einen Schluck Wasser, das wird dir guttun", sagte er liebevoll zu mir. Erst jetzt spürte ich, wie trocken meine Kehle war. Das frische Wasser stillte nicht nur meinen Durst, sondern beruhigte auch meinen wunden Hals und meinen nervösen Magen. Mit jedem Schluck Wasser konnte ich wieder klarer denken – und sehen.

Als ob er meine Gedanken gelesen hätte, fing der Mann in Weiß an zu sprechen: „Neid verblendet und verdreht alles. Neid lässt dich nur noch sehen, was du sehen willst und nicht, was wirklich da ist. Er vergiftet deine Wahrnehmung."

Er streckte mir den Apfel hin. Ich schreckte zurück. Er sah so perfekt aus und erinnerte mich an den Apfel aus dem Märchen von Schneewittchen. War nicht dieser schönste Apfel auch aus Neid vergiftet gewesen? War das ein Test? Sollte ich den Apfel vielleicht lieber ablehnen? Ich war verwirrt.

„Bist du bereit, richtig hinzuschauen?"

Ich schaute in seine Augen und sah seine unendliche Liebe für mich.

Leicht beschämt nahm ich den Apfel und musste doch auch etwas über mich selbst lachen. Wir gingen ein zweites Mal zum Haus. Mir fiel auf, dass die Sonne und mit ihr der Schatten, der auf dem Haus lag, ganz natürlich gewandert waren.

Die Rollläden waren noch unten, und als wir eintraten, war es stockdunkel. Ohne ihn zu sehen, spürte ich, dass der Mann in Weiß mir die Zeit ließ, um mich zu entscheiden, das Haus wieder mit Tageslicht zu fluten oder nicht. Obwohl ich wusste, dass sich nichts verändert hatte, seit wir das Haus verlassen hatten, war ich doch irgendwie enttäuscht, als ich schließlich die gleiche triste Einrichtung sah. Ich ertappte mich dabei, wie mein Blick wieder zur Glasfront wanderte. Doch bevor mich das lähmende Gefühl des Neids vollständig überkommen konnte, wandte ich ihn wieder ab und suchte die Augen des Mannes in Weiß. „Hilf mir. Ich schaffe es nicht, nicht neidisch zu werden."

„Ich weiß", antwortete er nur sanft und streckte mir einen großen Pinsel entgegen. Ich schaute ihn verdutzt an. Was sollte ich denn damit anfangen? Aber bevor ich ihn fragen konnte, sah ich, wie er anfing, das Glas zu streichen. Ich spürte, wie mir eine Träne über die Wange lief. Er hatte gewusst, dass ich es nicht aushielt, dem Vergleich mit den Nachbarn standzuhalten. Und anstatt mich lange zu schinden, bedeckte er erst einmal das Sichtfenster zu den anderen und verschaffte mir damit Zeit und Ruhe.

Wir strichen eine Weile gemeinsam, und je weniger von der anderen Haushälfte zu sehen war, desto entspannter wurde ich. Auch sah ich, dass die Wandfarbe nicht nur weiß war, sondern je nach Sonneneinstrahlung leicht schimmerte. Als wir fertig waren, drehte ich mich erleichtert zum Wohnbereich um. Ohne dass der Mann in Weiß mein Gesicht sehen konnte, wusste ich, dass er meinen Schmerz über die ungemütliche Einrichtung ebenfalls spürte, denn er nahm mich an der Hand und führte mich in den Keller. Wir gingen an einer verschlossenen Tür vorbei in einen großen Raum, der gefüllt war mit Möbelstücken, Dekorationen, Bildern und sogar Pflanzen.

„Wieso um alles in der Welt sind diese Sachen hier unten?", fragte ich erstaunt und überwältigt von dieser kleinen Schatzkammer.

„Du selbst hast sie nach unten getragen und als nicht gut und schön genug betitelt. Je länger du dich mit den Nachbarn verglichen hast, desto weniger konntest du erkennen, welche Kostbarkeiten in deinem eigenen Haus sind. Was nicht gleich war, wurde als „nicht schön" abgestempelt und weggesperrt. Die Angst, zu kurz zu kommen und im Vergleich mit anderen schlechter dazustehen, und dein Neid haben alles in den Keller verbannt, was Persönlichkeit und Kreativität zum Vorschein bringen würde."

Tränen liefen über mein Gesicht. Nach dem Haus der Angst hatte ich gedacht, dass kein anderes Haus mehr so viel Schmerz und inneren Schaden bei mir aufdecken konnte. Aber nun merkte ich, dass mir der Neid sehr viel mehr an Leben, Originalität und Schönheit geraubt hatte, als ich mir eingestehen wollte. All die schönen Dinge und Fähigkeiten hatte ich in den Keller meines Lebens verbannt, anstatt sie zu genießen und meine Einzigartigkeit zu feiern.

Eine Weile standen wir still nebeneinander und schauten auf all die Schätze, die sich hier unten stapelten. Ich erkannte, dass in diesem dunklen Kellerraum mehr Potenzial und Individualität verborgen lagen als im gesamten Rest des Hauses.

Nach und nach fingen wir an, verschiedene Dinge auszusuchen und hochzutragen. Ich merkte, dass, trotz aller Euphorie über die wiedergefundenen Schätze, mein Blick im Wohnbereich immer mal wieder zu der gestrichenen Wand schweifte und sich die Angst meldete, dass mein Stil und persönlicher Geschmack im Vergleich zu dem der Nachbarn nicht ausreichend eindrucksvoll und außergewöhnlich war. Aber da es nun nichts mehr zu sehen gab, konzentrierte ich mich schnell wieder auf mein eigenes Wohnzimmer.

Langsam, aber sicher nahm es Form an. Wir trugen Sachen nach oben – und dann auch wieder nach unten, wenn wir feststellten, dass sie doch nicht ganz passten, diskutierten über die perfekte Platzierung der einzelnen Möbelstücke oder darüber, welches Bild wohin am besten passte. Ich war erstaunt, wie viel Geschmack der Mann in Weiß bewies. Es war eine weitere Eigenschaft von ihm, die ich bisher nicht gekannt hatte, aber während wir dem Wohnzimmer den letzten Schliff verliehen, musste ich über diese Neuentdeckung schmunzeln.

Als wir gerade das letzte Bild aufgehängt hatten, klingelte es. Ich blieb wie angewurzelt stehen. Ich wusste nicht, ob ich schon bereit war, mein Zuhause für fremde Blicke zu öffnen. Aber ich überwand mich und ging zur Tür.

Die Nachbarin stand davor und hielt mir einen Strauß Pfingstrosen entgegen.

„Hallo, ich wollte fragen, ob Sie die vielleicht haben möchten? Meine Kinder haben sich heute einen Spaß daraus gemacht, sie zu pflücken. Und da ich davon noch zu genervt bin, um mich über den Strauß freuen zu können, dachte ich, dass sie Ihnen vielleicht mehr Freude bringen ...“

Ich musste die Tränen unterdrücken und stammelte leise: „Ja, gerne. Vielen Dank.“

„Ich muss leider auch schon wieder los, wir fahren gleich in den Urlaub. Aber vielleicht können wir uns danach mal auf einen Kaffee treffen? Manchmal tut es gut, den lieben langen Tag nicht nur Kinder als Gegenüber zu haben.“ Sie lachte, drehte sich auf der Schwelle um und winkte kurz, während sie wieder zu ihrer eigenen Haushälfte hinüberlief.

Immer noch etwas überfordert von ihrer netten Geste, drehte ich mich um und sah, dass der Mann in Weiß die leere Vase, die wir auf den Tisch gestellt hatten, schon mit Wasser gefüllt hatte und mir lächelnd entgegenstreckte.

Die Blumen waren das letzte schöne Detail, das im Wohnzimmer noch gefehlt hatte. Doch mir stand noch einiges bevor in diesem Haus. Wir machten weiter im Kinderzimmer, da mir das am wichtigsten erschien. Ich wollte gerade Eimer und Pinsel mit nach oben nehmen, als der Mann in Weiß mit einer zuckersüßen Tapete aus dem Keller kam.

Als wir mit dem Kinderzimmer fertig waren, blickte ich stolz auf das, was wir schon geschafft hatten. Ich schaute meine Kinder an und versuchte anhand ihrer Reaktion auf das neu gestaltete Zimmer zu erkennen, ob sie froh darüber waren, dass alles jetzt so schön aussah, aber sie spielten weiter, als hätten wir nichts verändert. Ich schaute den Mann in Weiß verwundert an.

„Für deine Kinder hat es keine Rolle gespielt, wie das Zimmer aussah. Was für sie eine Rolle spielt, ist wie du mit ihnen darin spielst.“

Den Rest des Tages ließ ich die Renovierungsarbeiten links liegen und nahm mir Zeit, um mit meinen Mädchen zu spielen. Und es war wunderbar!

Am nächsten Tag starteten wir mit dem Schlafzimmer. Ich hatte mich schon daran gewöhnt, durch die Glasscheibe hindurch all die hübschen Kleider meiner Nachbarin zu sehen. Einige davon hingen sogar ebenfalls in meinem Schrank. Doch jedes Mal, wenn ich sie anzog und mich in dem kleinen Spiegel, der lieblos an der Wand hing, anschaute, fand ich, dass ich furchtbar darin aussah. Wie konnte dasselbe Kleid meine Nachbarin zum Strahlen bringen und mich so fade wirken lassen? Die Übelkeit kroch wieder in mir hoch und mein Selbstvertrauen verabschiedete sich.

Der Mann in Weiß kam gerade noch rechtzeitig, bevor ich mich wieder komplett im Netz des Neids verfing. Er brachte wieder einen Eimer Farbe mit. Außerdem hatte er ein großes Paket unter dem Arm. Als wir die Glasscheibe fertig gestrichen hatten, öffnete der Mann in Weiß den Karton und ein großer Spiegel kam zum Vorschein. „O nein, das ist zu viel!", dachte ich und ein ungutes Gefühl überkam mich. Ich wollte mich nicht vollständig und in dieser Größe sehen. Ich hatte schon Mühe damit, einen Ausschnitt von mir in einem kleinen Spiegel zu betrachten.

„Du musst lernen, richtig hinzusehen", sagte der Mann in Weiß nur und stellte den Spiegel auf. „Aber bevor du dich im Spiegel betrachtest, misten wir deinen Kleiderschrank aus." Ich fand eigentlich, dass ich nicht zu viele Kleider besaß, aber inzwischen hatte ich aufgegeben, mich seinen Vorschlägen zu widersetzen. Also nahmen wir ein Kleidungsstück nach dem anderen aus dem Schrank und sortierten aus, was nicht richtig passte oder worin ich mich eigentlich gar nicht wohlfühlte. Als wir fertig waren, betrachtete ich die ausgemisteten Kleider – und es fiel mir wie Schuppen von den Augen: Alle Teile, die wir aussortiert hatten, waren Stücke, die ich gekauft hatte, um so auszusehen wie jemand anderes. Ich hatte krampfhaft versucht, sie zu meinen eigenen zu machen, aber sie passten einfach nicht zu mir.

„Es ist genauso wichtig, die richtigen Dinge für sich auszusuchen wie Dinge loszulassen, die einem nicht entsprechen. Keiner kann alles tragen, aber für jeden gibt es Kleider, die die innere Schönheit zum Strahlen bringen und die eigene Persönlichkeit unterstreichen. Man muss sie nur finden." Er fuhr fort:

„WENN DU ES SCHAFFST, SCHÖNHEIT ZU ERKENNEN, OHNE SIE FÜR DICH SELBST HABEN ZU WOLLEN, WIRST DU FREI WERDEN, DAS ZU FINDEN UND SCHÄTZEN ZU LERNEN, WAS DEINE EIGENE SCHÖNHEIT AUSMACHT. UND DU WIRST DAS LOSLASSEN, WAS NICHT FÜR DICH BESTIMMT IST, OHNE DASS ES DICH SCHMERZT."

Ich spürte, dass seine Worte nicht nur auf die Wahl meiner Kleidung bezogen waren. Er meinte auch meinen Körper und mein ganzes Sein. Vieles an mir fand ich nicht unbedingt schön, und es fiel mir schwer, mich nicht mit anderen zu vergleichen.

GLEICH ZU WERDEN WIE JEMAND ANDERES BEDEUTET, SICH SELBST AUFZUGEBEN. ES BEDEUTET, EINE KOPIE ZU WERDEN, ANSTATT DAS

ORIGINAL
zu feiern.

„Wer vergleicht, hat den Wunsch, gleich zu werden. Doch gleich zu sein wie jemand anderes versperrt dir den Weg zu deiner eigenen Schönheit, Individualität und Persönlichkeit. Gleich zu werden wie jemand anderes bedeutet, sich selbst aufzugeben. Es bedeutet, eine Kopie zu werden, anstatt das Original zu feiern. Solange du dich vergleichst und versuchst, gleich zu werden wie eine andere Person oder das Gleiche zu haben wie sie, wirst du dich selbst und das was dich ausmacht, weder finden noch lieben können", fügte er noch hinzu.

Er hatte recht. Ich wollte keine billige Kopie mehr sein und der Schönheit, dem Stil und der Persönlichkeit anderer nacheifern und dabei meine eigene Schönheit verpassen. Es war Zeit, sich von den alten Kleidungsstücken zu verabschieden und meine eigene Linie zu finden.

Ich überlegte, was ich mit den Kleidern machen sollte, aber wusste bereits, wem sie stehen würden. Ich würde sie meiner Nachbarin mitbringen, wenn wir uns auf den besagten Kaffee treffen würden.

„Wir sind fertig, oder?", fragte ich schließlich, ohne eine Antwort zu erwarten. Wir hatten jeden Raum neu gestrichen, tapeziert und eingerichtet. Ich wollte es mir gerade schon im Wohnzimmer gemütlich machen, doch einmal mehr hatte ich mich getäuscht.

„Noch nicht ganz. Wir müssen noch mal in den Keller", entgegnete der Mann in Weiß ruhig und lief die Treppe hinunter.

In den Keller? Da war doch nichts Wichtiges mehr. Sollten wir jetzt tatsächlich noch den gesamten Keller aufräumen? Ich fand den aufgeräumten Keller der Nachbarn ja lobenswert, aber Neid löste er ausnahmsweise einmal nicht aus bei mir.

Aber als wir die Treppe zum Keller hinunterstiegen, sah ich, wo unser Weg uns hinführte: vor die verschlossene Tür, an die ich bisher keinen Gedanken mehr verschwendet hatte. Aber jetzt, als wir davorstanden, wusste ich sofort, was sich in dem Raum befand.

Es war mein Arbeitszimmer. Allein die Tatsache, dass es sich hier unten im Keller befand, sagte schon einiges aus. Auf einmal fühlte ich mich unwohl, unsicher und verletzlich. Ich wollte da nicht rein. Es war doch nicht so wichtig. Doch wie zu erwarten, stellte der Mann in Weiß wieder die eine Frage: „Bist du bereit?"

Meine Hände zitterten leicht, als ich den Schlüssel im Schloss umdrehte und langsam die Tür aufstieß. Es war dunkel im Zimmer und die abgestandene Luft schlug uns wie eine Wand entgegen. Ich hatte wohl schon eine Weile lang nicht mehr gearbeitet. Gern hätte ich ein ordentliches, stylisches Büro mit perfekten Entwürfen an den Wänden präsentiert, von denen jeder einzelne einen Wettbewerb hätte gewinnen können. Doch in dieser muffigen Arbeitskammer deutete nichts auf großartige und kunstvolle Werke hin. Scham machte sich in mir breit und blockierte mich komplett. Ich konnte kaum einen Schritt in diesen Raum machen, zu demütigend war dieser Anblick.

„Oh, bitte lass uns wieder gehen. Ich bin doch nicht bereit“, flehte ich den Mann in Weiß an und versuchte, ihn aus dem Raum zu zerren.

„Wenn man lange genug im Netz des Neids gefangen und innerlich vergiftet ist, bleibt am Ende keine Luft mehr, um frei zu denken und zu atmen, geschweige denn kreativ zu sein. Schlussendlich wird jeder Versuch, etwas Neues zu erschaffen, im Keim erstickt, bis man es erst gar nicht mehr versucht. Und zum Neid gesellt sich die Scham über das eigene Versagen.“

Ich sah mich um. Die Wände waren mit dicken, schweren Stoffen abgehängt, die den Staub nur so anzogen. Überall hingen angefangene Skizzen und Entwürfe. Aber nichts war fertig. Auch der Boden war übersät mit zerknüllten Skizzen.

„Die Scham lässt dich nichts Neues erschaffen. Denn je mehr du zu erschaffen versuchst, desto mehr Fehler sind vorprogrammiert. Und jeder Fehler würde deine Unzulänglichkeit und Schwäche sichtbar machen und nur noch weiter wachsen lassen. Solange Scham dein Leben bestimmt, wird die Angst vor Fehlern und vorm Versagen dein größter Gegner sein, denn du lässt sie über deinen Wert entscheiden. Aber nur durch Ausprobieren, Fehler machen und Authentizität kannst du aus diesem Gefängnis ausbrechen und deine Fähigkeiten entfalten.“

„Du siehst nicht richtig hin.“ Der Satz schoss mir durch den Kopf. Er hatte mittlerweile so viele Bedeutungen bekommen. Hinschauen und annehmen, was war. Schätzen, was man hatte, und den Schmerz über die Dinge loslassen, die man nicht hatte. Erkennen, dass äußerlich schöne und perfekte Dinge weniger wichtig sind als gemeinsame Zeit. Und nun hatte der Satz noch eine neue Bedeutung hinzugewonnen: Akzeptieren, dass Fehler dazugehörten, um zu lernen und weiterzukommen. Wahrscheinlich war das meine schwerste Lektion in diesem Haus.

Die Sehnsucht, Schönheit zu kreieren, eine Kunst, die berührte, bewegte und inspirierte, gepaart mit dem Anspruch, immer alles auf Anhieb zu schaffen, ließen Imperfektes und Unausgereiftes nicht zu. Die Angst, dass mein Versagen und meine Fehler meinen Wert und meine Identität definieren könnten, stand wie eine Mauer vor mir. Lieber wollte ich gar nichts kreieren und riskieren, als mir die Blöße des Versagens zu geben. Nackt waren wir auf die Welt gekommen, doch als die Erkenntnis von Gut und Böse, von Schön und Hässlich, von Kunst und „kann weg“ unser Denken durchdrang, versuchten wir, das Schlechte, Unschöne und die Dinge aus der Kategorie „kann weg“ zu verbergen, um nicht mit der eigenen Unvollkommenheit konfrontiert zu werden. Denn der sehnlichste Wunsch, zurück nach Eden zu kommen, und die harte Realität, aus eigener Kraft nie den Zustand der Vollkommenheit erreichen zu können, war schwer zu ertragen. So versuchte ich aus Scham, alles zu verstecken, was meinen oder den Ansprüchen anderer nicht gerecht wurde, und verfiel in Frust und Passivität.

„Und jetzt?", fragte ich den Mann in Weiß erschöpft. „Ich denke, als Erstes lassen wir mal frische Luft rein." Er schmunzelte und fing an, einen der schweren Vorhänge abzuhängen. „Eins nach dem anderen."

Ein Windhauch wehte durch das geöffnete Fenster in das kleine Zimmer, und die frische Luft tat meiner Seele gut. Gleichzeitig wehte der Wind alle Skizzen zu Boden und veranstaltete ein riesiges Chaos.

Aber wir hätten ja ohnehin alles abnehmen müssen, also hatte uns der Wind das lediglich abgenommen. Wir setzten uns auf den Boden und gingen die verschiedenen Skizzen und Entwürfe durch. Die interessanten und vielversprechenden Entwürfe landeten in einer Mappe, die anderen im Müll. Als ich sah, dass mehr als zwei Drittel meiner Entwürfe im Müll gelandet waren, spürte ich, wie die Scham mir wieder heiß in den Kopf stieg und die Luft zum Atmen nahm. Aber der Mann in Weiß sagte entspannt: „Es ist wichtig, sich von den schlechten zu trennen und manchmal auch von den Dingen, die man nur okay findet, um die wirklich schönen Dinge zu entdecken und ihnen Raum zu geben. Der erste Schritt, um etwas Neues zu empfangen, ist, Altes loszulassen. Leider sind viele Menschen nicht bereit dazu und verpassen dadurch so viel Wertvolles."

Ich wusste, dass auch ich oft zu dieser Kategorie zählte. Die Angst, vielleicht keine neuen Ideen und Möglichkeiten mehr zu bekommen, ließ mich krampfhaft an alten Dingen festhalten. Ich wurde rot, als mir bewusst wurde, dass ich sogar jetzt heimlich Skizzen auf den „Behalten"-Stapel gelegt hatte, obwohl ich wusste, dass sie mir nicht wirklich gefielen. Ich hatte Angst, etwas zu verlieren, schlecht dazustehen und das quälende Gefühl von Blöße zu bekommen, wenn nur so wenig „Sinnvolles" in meiner Kunst zu finden war – und ich hatte Angst, nichts Neues mehr zu erschaffen. Also legte ich alle „Behalten"-Skizzen in die Hände des Mannes in Weiß und bat ihn, nur die zu behalten, die seiner Meinung nach wichtig waren. Nachdem er sich als guter Innenarchitekt und Stylist bewiesen hatte, vertraute ich ihm nun auch meine künstlerische Arbeit an. Stolz und etwas aufgeregt wartete ich darauf, dass er einen neuen „Behalten"-Stapel machte.

„Bist du bereit?"

O nein, nicht schon wieder dieser Satz! Er brachte jedes Mal Schmerz mit sich – aber auch Heilung. Ich wünschte, ich könnte den schmerzhaften Teil nur einmal umgehen. Doch augenblicklich wusste ich, dass es keinen neuen „Behalten"-Stapel geben würde und der Schmerz darüber ließ sich nicht vermeiden.

Ich nickte beschämt und niedergeschlagen. Schweigend räumten wir den Rest des Raumes auf – oder besser gesagt: Wir entsorgten alles, was wir noch finden konnten. So lange, bis der Raum komplett leer geräumt war. Er wirkte jetzt noch kleiner, trostloser und farblos, wo er so nackt vor mir lag. Und genau so kam auch ich mir vor. Nackt. Trostlos. Farblos. Es war nichts übrig geblieben von dem, was ich bisher erschaffen hatte. Der Mann in Weiß hatte mir alles genommen.

Ich setzte mich auf den Boden und lehnte mich gegen die kühle Wand. Er setzte sich neben mich und nahm mich schweigend in den Arm. Dann ließ ich den Tränen freien Lauf. Der Mann in Weiß versuchte nicht, mich aufzumuntern oder mir tröstende Worte zuzusprechen, er saß einfach still neben mir. Er wusste, es kostete mich viel, alles loszulassen, auch wenn ich tief in mir drin spürte, dass es mich freier machen würde. Aber nicht jeder gute Prozess fühlt sich auch gut an.

Wir saßen noch eine Weile an die Wand gelehnt da. Und je länger ich das Gefühl der Nacktheit einfach zuließ, desto weniger negative Macht hatte es über mich. Und in allem Versagen und in aller Scham, die ich verspürt hatte, wusste ich doch, dass in seiner Gegenwart Raum und Zeit war, beides erst zu- und dann loszulassen. Ich hatte nichts mehr zu geben und nichts mehr zu verlieren. Es gab nichts, was mich aufwertete, und nichts, was meinen Wert minderte. Ich war einfach. In seiner Gegenwart gab es keinen Vergleich. Kein gleich. Nur Ich.

Zu wissen, dass ich alle Zeit der Welt hatte, um mich und meine Kunst neu zu finden, gab mir schließlich die Kraft, wieder aufzustehen und mich für etwas Neues bereit zu machen. Ich wollte gerade schon in den Kellerraum nebenan gehen, um nachzuschauen, ob es dort noch irgendwelche brauchbaren Möbel gäbe, die den kleinen Arbeitsraum etwas aufwerten würden, da stoppte mich der Mann in Weiß und sagte nur: „Das ist nicht mehr dein Arbeitszimmer."

Ich verstand nicht, was er damit meinte. Sollte ich jetzt gar nicht mehr arbeiten? War es das, was er mir sagen wollte? War ich so schlecht in dem, was ich tat, dass ich es lieber gleich lassen sollte?

Bevor ich mich diesen Gedanken weiter hingeben konnte, schossen zwei neue Gedanken durch meinen Kopf: „Siehe, ich mache alles neu" und „Schau genau hin". Aber ich wusste nicht, was es in diesem leeren Raum noch zu entdecken gab. Also blickte ich den Mann in Weiß fragend an und spürte dann, dass ich IHN genauer anschauen sollte, nicht den Raum. Ich blickte ein weiteres Mal in seine Augen und verlor mich in seiner Liebe für mich, die ich darin fand. Wieder einmal hatte ich gedacht, er würde mir alles nehmen, doch in Wahrheit wollte er mir alles geben.

Dann streckte er mir einen Schlüssel entgegen und sagte: „Komm, lass uns nach oben gehen!"

Ich verstand schon wieder nicht, was er damit meinte. Im Erdgeschoss war neben Küche, Wohnzimmer und einem Bad kein weiterer Raum mehr gewesen. Aber der Mann in Weiß ging nach oben, vorbei an Schlaf- und Kinderzimmer, und blieb vor einer dritten Tür stehen. Wie konnte ich die übersehen haben? Ich steckte den Schlüssel ins Schloss und meine Hände zitterten leicht, diesmal vor Aufregung. Als ich die Tür öffnete, kamen mir unmittelbar die Tränen. Der Raum war riesengroß, lichtdurchflutet, und vollständig eingerichtet. Der Mann in Weiß hatte an alles gedacht und mein neues Arbeitszimmer hätte nicht perfekter sein können.

„Glaubst du, ich lasse zu, dass auch nur etwas von dem, was ich in dich hineingelegt habe, verloren geht?"

Ich war von dem Anblick des Zimmers, aber auch von seinen Worten tief bewegt, und es dauerte eine Weile, bis ich wieder die Worte fand.

„Aber warum kommt das alles erst jetzt?", stammelte ich irgendwann.

„Viele wollen, dass ich ihnen helfe, aber sind nicht bereit, zuerst den weniger angenehmen Part zu durchlaufen. Sie wollen alles neu gestalten und sind nicht bereit, Altes auszumisten und loszulassen. Aber du hast alles losgelassen, also konnte ich auch alles neu machen. Um etwas Neues zu erschaffen, ist Loslassen essenziell. Um Großartiges zu kreieren, ist es außerdem wichtig, Fehler machen zu dürfen und nach den Momenten des Versagens weiterzugehen. Es ist wichtig, sich die Zeit zu nehmen, um Vergangenes zu betrauern, es loszulassen und dann mit neuer Kraft aufzustehen und keine Angst mehr vor dem nackten Blatt zu haben."

Ich spürte, dass er auch jetzt nicht nur über meine Arbeit sprach. Etwas loszulassen, was Sicherheit gab, und zuzulassen, dass man danach nichts mehr in der Hand hält und nicht weiß, wo man anfangen soll, das kostete Mut. Und Mut bedeutet, die Nacktheit, Unvollkommenheit und Leere auszuhalten, bis sich das weiße Blatt neu füllt. Es bedeutet, erst mal verletzlich zu sein und gleichzeitig die Wahl zu haben, was man aus dem machen möchte, was man zur Verfügung hat. Es bedeutet, die Fäden durchzuschneiden, die einen gefangen halten, aber eben auch die Stricke loszulassen, die einem vermeintliche Sicherheit gegeben haben.

„Verletzlichkeit und Fülle liegen manchmal näher beieinander, als man denkt. In deiner Nacktheit hast du erkannt, dass dein Wert unabhängig ist von allem Können und allem Tun. Der wahre Wert liegt in deinem Sein verborgen."

Es klingelte an der Tür. Noch tief ergriffen von seinen Worten, schaute ich zum Mann in Weiß. Er lächelte nur.

Ich ging nach unten und öffnete. Draußen stand die Nachbarin. Sie war braun gebrannt und so schön wie zuvor. Doch an ihren Schultern schälte sich ihre Haut von einem Sonnenbrand. Ihr leichtes T-Shirt flatterte im Wind und für einen kurzen Moment erhaschte ich einen Blick auf die vielen Schwangerschaftsstreifen an ihrem Bauch.

„Wir sind gerade aus dem Urlaub zurückgekommen, und mein Mann ist zum Glück noch mit den Kindern Eis essen gefahren. Puh, noch mal Ruhe vor dem Sturm. Möchten Sie vielleicht auf einen Eiskaffee rüberkommen?"

Ich nickte.

„Allerdings ist nachmittags die Sonne bei uns drüben schon weg. Aber im Schatten ist es heute ja auch warm." Ich nickte wieder. „Also, bis gleich!" Sie lachte und ging.

Ich blickte auf die Terrasse vor meiner Haushälfte und bemerkte erst jetzt, dass die Sonne nachmittags tatsächlich wunderschön auf sie schien. Ich kam mir dumm vor. Der Mann in Weiß hatte doch noch gesagt, dass ich genauer hinschauen musste, um alles zu sehen. Jetzt hielt er mir die aussortierten Kleider hin und gab mir einen Kuss auf die Stirn. Dann schloss er die Haustür hinter mir.

DER WERT IST UNABHÄNGIG VON ALLEM KÖNNEN UND TUN.

DER WAHRE WERT LIEGT IM

Sein

Ver-GLEICH

Neid vergleicht.
Gleich scheint besser als anders.

Sich selbst verloren, im Blick zum anderen. Gefangen im Vergleich.

Homogen.
Ton in Ton.
Ein Spiegelbild.

Aus Vergleich wird gleich.

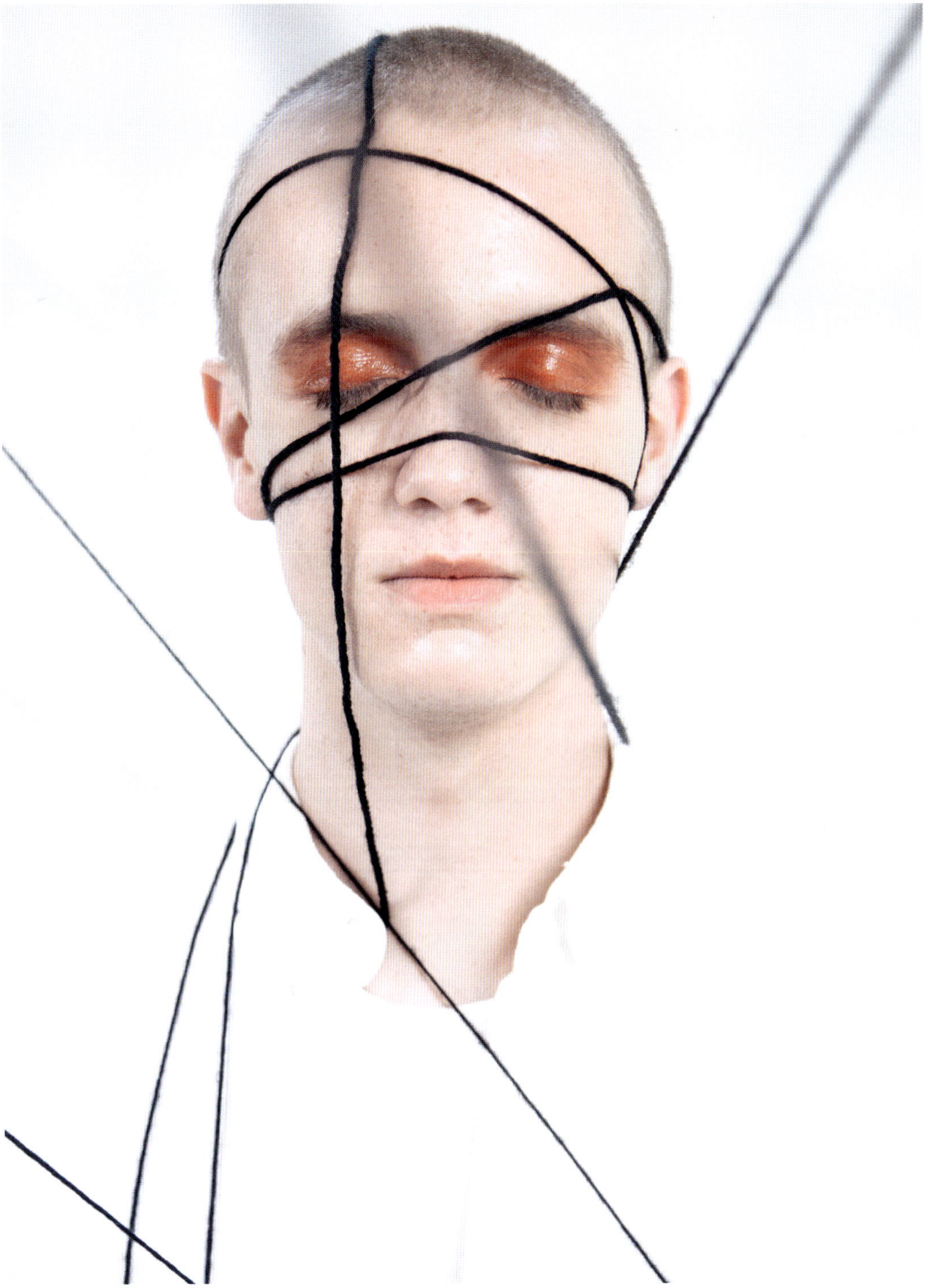

Wer bin Ich, wenn ich gleich bin?

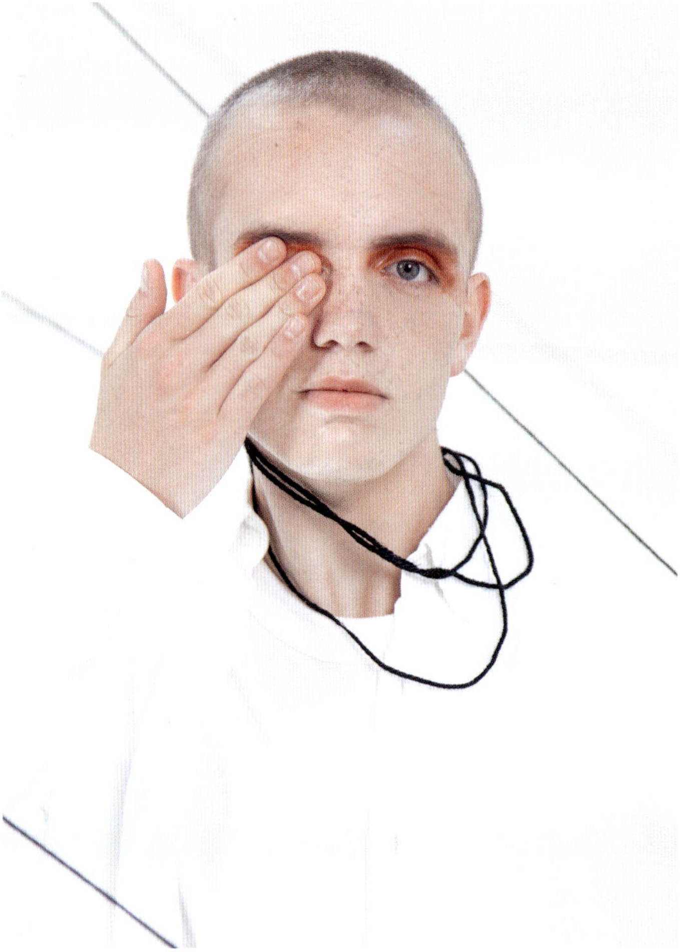

Was nicht gleich ist, macht aus, was anders ist.

Anders
Einzigartig
Unvergleichlich

VERGLEICH
GLEICH
ICH

Verletzlichkeit &
Fülle
LIEGEN MANCHMAL NÄHER
BEIEINANDER, ALS DU DENKST.

EIN STÜCK *Himmel* AUF ERDEN

Ich habe die Erlebnisse im zweiten Haus im Garten eines wundervollen Ehepaares niedergeschrieben, bei dem ich mich ein paar Tage zurückgezogen hatte.

Ihr schönes Haus und der tolle Garten hätten allen Grund fürs Neidischwerden gegeben, so traumhaft schön und liebevoll war alles gestaltet – und doch wurde ich es nicht. Wenn ich durch das Haus oder den Garten ging, kamen mir immer wieder die Tränen. Sie hatten ein Stück Himmel auf Erden geschaffen, und das nicht nur, weil ihr Haus und Garten wie in einem Magazin aussahen, vielmehr waren es ihre spürbare Liebe, Annahme und innere Schönheit, die mich zu Tränen rührten.

Ich hatte die beiden nur ein paar Monate zuvor kennengelernt. Die Frau war für mich wie ein Engel gewesen. Sie hatte mich in meiner dunklen Zeit mit ihrem großen, feinfühligen und verständnisvollen Herz getragen und begleitet. Und obwohl ich mich immer noch verletzlich fühlte, erlebte ich an diesem Ort so viel Fülle. So genoss ich die Schönheit ihres Zuhauses, ohne mich im Netz des Neids zu verfangen. Ich war zutiefst dankbar, dass meine inneren Erlebnisse mit dem Mann in Weiß tatsächlich die Kraft hatten, in meinen Alltag hineinzuwirken.

Und als wäre es das Normalste der Welt, plätscherte inmitten ihres Gartens Wasser aus einem runden Steinbrunnen, ganz ähnlich dem Brunnen, an dem ich den Mann in Weiß immer wieder traf …

KONTROLL-VERLUST

Ich hatte endlich wieder einmal ein Wochenende für mich geplant. Ein paar Tage Auszeit, um mich zu erholen, aufzutanken, Gott zu begegnen und zu schreiben. Ich wusste, mit welchem Thema ich mich als Nächstes auseinandersetzen würde. Aus irgendeinem Grund kannte ich den Namen des dritten Hauses schon.

„Kontrolle“

Aber womit ich nicht gerechnet hatte, war, dass mich dieses Thema ausgerechnet vor dem ersehnten Auszeit-Wochenende noch einmal so stark herausfordern würde.

Es war ein Morgen wie jeder andere und doch lag etwas in der Luft. Als hochsensible Person nahm ich sehr viel wahr. Manchmal täuschte mich mein Eindruck auch, aber diesmal nicht.

Meine ältere Tochter, selbst hochsensibel und gefühlsstark, forderte mich mit ihren vier Jahren an manchen Tagen mehr heraus als jede erwachsene Person, der ich je begegnet war. Und so war es auch an diesem Tag. Sie stand schon schlecht gelaunt auf und ihre Laune schwappte schnell auf mich über. Ich war gestresst, denn wir waren spät dran. Sie ignorierte mich oder machte bewusst das Gegenteil von dem, was ich wollte. Ich fühlte mich hilflos und spürte, wie mir die Kontrolle über die Situation immer mehr aus den Händen glitt. Die Zeit schritt voran und mein Stresslevel schoss in die Höhe. Ich wurde lauter, sie auch. Ich wurde hektischer, sie auch. Ich schrie und sie brüllte zurück. Ich wusste, dass ich mich beruhigen sollte, dass Schreien für sie genauso kontraproduktiv und anstrengend war wie für mich, aber ich schaffte es nicht. Ich schaffte es nicht, mich selbst unter Kontrolle zu bekommen, geschweige denn sie. Ich schickte sie auf ihr Zimmer. Schloss die Tür und stampfte selbst wütend ins Wohnzimmer. Ich hörte, wie die Kinderzimmertür mehrmals laut zugeschlagen wurde. Dann mischte sich in das Knallen ein merkwürdiges Geräusch. Ich schaute nach: Die Tür war kaputt.

Ich schrie sie an, weinte und verzog mich hilflos ins Wohnzimmer. Ich war geschockt.

Tür kaputt. Wut überall.
Alles außer Kontrolle.

Erziehungstechnisch hatte ich wohl beinahe alles aus der Kategorie gemacht, „was man auf keinen Fall machen sollte“. Ich schämte mich zutiefst, war traurig und hochgradig frustriert über die ganze Situation. Am schlimmsten aber traf mich das Gefühl des totalen Kontrollverlusts. Ich hätte es besser wissen und machen sollen, aber ich habe es nicht geschafft. Ich hatte versagt, die Kontrolle verloren.

Mit diesem Erlebnis, das mir noch tief in den Knochen steckte, setzte ich mich einen Tag später in den Zug und machte mich auf den Weg in mein freies Wochenende. Ich spürte jedoch, dass das alles kein Zufall gewesen war und nahm allen Mut zusammen, mich dem Thema zu stellen, anstatt es weiter zu verdrängen.

Das dritte HAUS

Ich stand wieder vor dem großen schwarzen Tor meiner Festung. Nach den letzten Tagen fühlte ich mich geknickt, ausgelaugt und alles andere als bereit, mich einem weiteren großen Schmerz zu stellen. Es schien ein besonders trister Tag zu sein und der grau verschleierte Himmel spiegelte meinen Gemütszustand perfekt wider. Mein Innerstes wollte sich zurückziehen.

Ich war so mit mir selbst beschäftigt, dass ich den Mann in Weiß erst bemerkte, als er behutsam meine Hand nahm.

Wir passierten das Tor und liefen in Richtung des dritten Hauses. Dabei kamen wir nur sehr langsam voran, denn ich hatte das Gefühl, bei jedem zweiten Schritt auszurutschen. Es war, als ob der Boden sich in eine riesige Eisplatte verwandelt hätte – so glatt, dass meine Füße nirgendwo Halt fanden. Ich war froh, dass der Mann in Weiß immer noch meine Hand festhielt, denn sonst wäre ich garantiert auf meinem Hintern gelandet.

„Die Kontrolle zu verlieren fühlt sich oft an, als würde man den Boden unter den Füßen verlieren. Aber der Halt muss nicht immer vom Boden kommen." Kaum hatte er den Satz beendet, rutschte ich aus und wäre beinahe gestürzt, als ich spürte, wie seine Hand mich im letzten Moment hochzog und mir einen blauen Fleck ersparte.

Noch etwas zittrig auf den Beinen bemerkte ich erst jetzt, dass wir bereits vor dem Grundstück des dritten Hauses angekommen waren. Anders als bei den bisherigen Häusern war das Haus erst in weiter Ferne zu sehen. Eine große Mauer umgab das Gelände. Wir schauten durch die Stäbe des riesigen Eisentors. Das kleine Haus schien von zig Mauern und Zäunen umkreist.

„Wieso ist die Person, die dort wohnt, so eingesperrt?", fragte ich irritiert.

„Die Zäune und Mauern wurden vom Besitzer selbst erbaut", antwortete der Mann in Weiß traurig.

Das erstaunte mich. Ich wollte gerade eine spöttische Bemerkung machen, wie man sich selbst denn so eingrenzen konnte, aber biss mir auf die Lippen, denn bisher hatten die Dinge hier meist mehr mit mir selbst zu tun gehabt, als mir lieb war.

Ich überlegte noch, ob oder wie wir das Grundstück betreten sollten, da schloss der Mann in Weiß schon das Tor auf. Er schien wie immer den Schlüssel für alle Türen und Tore zu haben.

Wir betraten das Gelände und ein eisiger Wind kam auf.

Allein bis zum nächsten Zaun erstreckte sich ein weitläufiges Gelände. Ich sah atemberaubende Blumen und außergewöhnliche Pflanzen, die ich noch nie in meinem Leben gesehen hatte. Die Artenvielfalt war unglaublich und ich spürte förmlich das große Potenzial, das in diesem Grundstück verborgen lag. Aber alles wuchs wild und wüst durcheinander – und leider nicht auf eine romantische Art und Weise. Es wirkte vielmehr so, als ob sich alle Pflanzen gegenseitig bekämpfen würden, sodass sich am Ende keine entfalten konnte.

Ich ließ meinen Blick über die Fläche gleiten und mir wurde ganz übel bei der Vorstellung, was es alles bräuchte, um diese Anlage neu zu gestalten. Es schien nahezu unmöglich. Hier war alles verwachsen, verwildert und völlig außer Kontrolle geraten!

„WENN MAN DIE PERSPEKTIVE UND DAS ZIEL AUS DEN AUGEN VERLIERT, BRINGT DAS FRÜHER ODER SPÄTER MIT SICH, DASS MAN AUCH DIE KONTROLLE VERLIERT UND SICH SELBST AUFGIBT."

Er sprach weiter: „Viele sehen jedes noch so kleine Detail, das nicht stimmt, und wollen gleichzeitig alles auf einmal verändern, anstatt das große Ganze zu sehen und einen kleinen Schritt nach dem anderen zu gehen. Wenn diese Perspektive verdreht ist, endet das immer in Frust und Resignation, weil alles unmöglich erscheint."

Seine Worte trafen mich. Als ich die Botanik dieses Grundstücks mit meinem Leben in Verbindung brachte, merkte ich, dass etwas in mir anschlug.

Ich war eine Meisterin darin, überall das verlorene Potenzial in den Details zu sehen oder eben auch alles überkritisch zu betrachten. Es frustrierte mich, wenn ich nicht alles innerhalb kürzester Zeit nach meinen Vorstellungen gestalten konnte. Dinge, die ich nicht schnell genug oder gar nicht ändern konnte, gab ich auf und versuchte mir einzureden, mit dieser Entscheidung die Kontrolle zu behalten. Aber was war mit den Dingen, die ich weder aufgeben noch ändern konnte?

„Manche Dinge muss man loslassen, weil sie schlicht außerhalb des Machbaren liegen", fuhr der Mann in Weiß fort. „Aber manchmal muss man treu Schritt für Schritt gehen, um irgendwann das große Ganze zu sehen."

Ein innerer Schmerz machte sich bemerkbar, und ich spürte, wie der Mann in Weiß genau meinen wunden Punkt ansprach, jedoch ohne mich auch nur im Geringsten zu verurteilen. Mich faszinierten Geschichten aus der Bibel wie die von Josef, der von einem einfachen Jungen zum zweitwichtigsten Mann der Welt wurde. Ich liebte es, wenn das Happy End einer Geschichte nach ein paar kurzen Kapiteln schon erreicht war. So wirkte es, als ob die Hauptperson nie die Kontrolle verlieren und immer schnell an ihrem Ziel ankommen würde. Aber einmal mehr wurde mir bewusst, dass gerade die großen Geschichten mehr mit vielen kleinen Schritten ins Ungewisse zu tun hatten als mit einer einmaligen großen Veränderung. Bücher brauchten zwar nur einige Kapitel, um eine Erfolgsgeschichte zu erzählen, doch im wahren Leben dauerte dieselbe Geschichte mehrere Jahre.

Prächtige Gärten entstanden nicht innerhalb eines Tages, sondern waren das Ergebnis von hartem und kontinuierlichem Arbeiten, ohne zu wissen, ob alles wie geplant wachsen und gedeihen würde. Denn man hat weder die Kontrolle über das Wetter noch darüber, was genau im Erdreich geschah.

Schweigend gingen wir weiter. Wir näherten uns dem nächsten Zaun. Es war ein hoher und dicht gespannter Stacheldrahtzaun. Ein Tor oder eine andere Durchgangsmöglichkeit waren weit und breit nicht zu sehen. Also liefen wir eine Weile den Zaun entlang, doch es schien tatsächlich keinen Weg durch oder über den Zaun zu geben. Ich wollte gerade vorschlagen, zurückzugehen, als ich sah, dass ein Stück weiter weg ein morscher Baum direkt auf den Zaun gestürzt war und so einen Übergang schuf. So kletterten wir vorsichtig auf die andere Seite. Mein Pulli blieb an einem Stachel des Zaunes hängen und zerriss sofort. Wer auch immer diesen Zaun gebaut hatte, musste entweder sehr vorsichtig gearbeitet oder sich mehrmals dabei verletzt haben.

Kaum waren wir auf der anderen Seite des Zauns angelangt, sah ich unser nächstes Hindernis. Ein riesiger Fluss tat sich vor uns auf. Das Wasser floss schnell und wild, und die wenigen großen Steine, die zu sehen waren, waren nicht genug, um den Fluss unversehrt überqueren zu können. Auch wenn wir sie mit großen Schritten erreichen sollten, so würden sie doch so glitschig sein, dass wir im reißenden Fluss niemals auf ihnen würden stehen können.

„Lass uns bitte zurückgehen. Das schaffe ich niemals!“, schrie ich beinahe hysterisch über das Rauschen des Wassers.

Wer auch immer in diesem Haus wohnte und was auch immer mich dort noch erwarten würde, dafür mein Leben zu riskieren war es bestimmt nicht wert. Aber der Mann in Weiß machte keine Anstalten zurückzugehen. Ich war mir nicht sicher, ob der Fluss so laut tobte, dass er mich nicht gehört hatte, oder ob er mich absichtlich ignorierte. Er ging langsam die Böschung zum Fluss hinunter. Unten angekommen, streckte er mir einen Stab entgegen und sagte nur: „Komm.“

Alle Farbe war aus meinem Gesicht entwichen und meine Knie schlotterten. Mir war bewusst, dass wir uns heute mit dem Thema Kontrolle befassen würden und dass ich kein großer Fan von abenteuerlichen Situationen war, die ich nicht kontrollieren konnte, aber diese Aktion konnte nur schiefgehen. Es war unmöglich, auf die andere Seite zu kommen. Alles in mir sträubte sich dagegen, auch nur einen Schritt in den reißenden Strom zu machen, doch der Mann in Weiß wartete geduldig.

Zitternd nahm ich den Stab in meine Hand. Ich erkannte ihn sofort. Es war der Stab, den ich schon im ersten Haus von ihm bekommen hatte. Er hatte mich vor einigen Gefahren und widerlichen Begegnungen mit Spinnen bewahrt, aber dass dieser Holzstab mich nun über diesen bedrohlichen Fluss bringen sollte, das bezweifelte ich stark.

„Vergiss nicht, wer an deiner Seite ist.“ Ich wusste wieder einmal nicht, ob der Mann in Weiß das tatsächlich zu mir sagte oder ich es nur dachte, denn das Rauschen der Wassermassen übertönte alles.

Ich hoffte, dass nun eines der spektakulären Wunder folgen würde wie die Teilung des Meeres bei Mose oder der See im Sturm, der sich plötzlich beruhigte, als Jesus nur ein Wort sprach. Bestimmt war das alles bisher nur ein Test gewesen, ob ich ihm auch wirklich vertraute. Aber der Mann in Weiß machte keine Anstalten zu warten, bis sich der Fluss teilte oder beruhigte. Langsam setzte er einen Fuß vor den anderen. Auch er hatte einen Stab in der Hand, und ich sah, wie er ihn fest in den Boden steckte, sich mit einer Hand daran festhielt und die andere mir entgegenstreckte: „Komm.“

Ich stieg langsam ins Wasser. Natürlich war es auch noch eisig kalt, wie hätte es auch anders sein sollen. Ich wollte gerade einen Schritt in seine Richtung machen, als ich den furchteinflößenden Fluss zum ersten Mal in seinem ganzen Ausmaß wahrnahm. Die Angst erfasste mich und beinahe verlor ich das Gleichgewicht. Die Hand des Mannes in Weiß erfasste mich gerade noch rechtzeitig, bevor ich von den Wellen des Flusses mitgerissen worden wäre. Zitternd vor Kälte und Angst klammerte ich mich an seinen Stab.

„In den Momenten, wo dir die Kontrolle zu entgleiten scheint und du keinen Weg mehr siehst, musst du dich auf das konzentrieren, was dich hält, und nicht auf das, was dir die Kontrolle entreißen könnte. Ich weiß, es ist laut, wild und unangenehm hier draußen, aber wenn du es schaffst, auch unter diesen Umständen deinen Halt zu kennen, kann dich nichts mehr umreißen."

Ich wusste, dass er nicht nur von dieser Situation sprach, sondern vielmehr von den Situationen, in denen mich nicht ein tobender Fluss fortriss, sondern zum Beispiel das Weinen und Schreien meiner Tochter.

Sein letzter Satz gab mir den Mut, mich weiterzubewegen, denn ich wollte lernen, auch in lauten und wilden Zeiten nicht zu ertrinken. Also konzentrierte ich mich auf den nächsten Schritt. Erst jetzt sah ich, dass im Boden des Flussbetts in regelmäßigen Abständen Löcher waren, in die unsere Stäbe genau hineinpassten. So steckte der Mann in Weiß seinen Stab in das nächste Loch, während wir uns an meinem festhielten. Sobald der Stab feststeckte, machten wir einen Schritt und zogen den anderen Stab nach. Wir kamen nur langsam voran und meine Kräfte schwanden. Da erreichten wir einen der großen Steine und steckten die Stäbe in die zwei vorhandenen Löcher. An die Stäbe geklammert machten wir eine kurze Verschnaufpause.

Ich wollte den Mann in Weiß fragen, wie das in meinem Alltag funktionieren sollte, da in meinem Fußboden nun mal keine Löcher und in meiner Hand kein rettender Stab waren, aber als mein Blick auf den noch zu überquerenden Fluss fiel, wusste ich, dass ich erst einmal alle Kraft und Energie für seine Überquerung brauchte, bevor ich bereit für die anderen Antworten war.

Also standen wir auf und gingen schweigend weiter. Es verlangte all meine Konzentration und Energie, denn ein falscher Schritt konnte im wahrsten Sinne mein Untergang bedeuten.

Wir hatten bereits drei Viertel des Flusses überquert, als mich ein besonders starker Strom erwischte und mir meine ohnehin schon zittrigen Beine wegzog, als wären sie aus Pappe. Wäre der Mann in Weiß nicht gewesen, wäre ich vom Fluss erfasst worden. Meine Kräfte waren aufgebraucht und ich war froh, dass er mich das letzte Stück durch den Fluss trug. Völlig erschöpft und durchnässt setzte ich mich neben ihn ans Ufer und versuchte zu verarbeiten, was gerade passiert war.

Schon wieder hatte ich versagt. Ohne den Mann in Weiß hätte mich der wilde Strom mitgerissen. Ich war enttäuscht von mir. Von dieser Seite sah der Fluss gar nicht mehr so breit und gefährlich aus ... Wieso schaffte ich es nie allein?

„Es war nicht das Ziel, dass du es allein durch den Fluss schaffst."

Ich war so mit meinen Gedanken beschäftigt, dass ich den Mann in Weiß gar nicht richtig hörte.

„ES WAR NICHT DAS ZIEL, DASS DU ES ALLEIN DURCH DEN FLUSS SCHAFFST", wiederholte er.

Ich horchte auf. Aber wie denn sonst? Wäre er nicht gewesen, hätte mich der Fluss verschlungen.

„Flüsse und Stürme sind Teil des Lebens. Um darin nicht die Kontrolle zu verlieren, muss man seine Stützen kennen und auch nutzen. Es ist unmöglich, ohne Hilfe durch den Fluss zu kommen."

Ich merkte, wie eine große Last von meinen Schultern fiel, hatte ich doch so oft das Gefühl, alles allein und ohne Hilfe schaffen zu müssen. Und wenn ich etwas auf diese Art und Weise nicht schaffen oder erreichen konnte, wollte ich gar nicht erst damit beginnen und versuchte so, die Kontrolle zu behalten. Diese Taktik hatte auch erstaunlich gut funktioniert, bis ich meine erste Tochter bekommen hatte. Denn ihre Emotionen und ihr Temperament konnte ich weder kontrollieren noch konnte ich einfach vor ihr davonlaufen. Der Sturm ihrer Gefühle, gepaart mit den unzähligen schlaflosen Nächten, riss mich so oft mit und ich drohte jedes Mal, darin unterzugehen.

„Zuzugeben, dass man nicht alles allein schafft, mag manchmal wie der Verlust von Kontrolle wirken, tatsächlich bewirkt es aber genau das Gegenteil. Denn man übernimmt so nur noch die Verantwortung, die man auch wirklich allein tragen kann, und holt Unterstützung von Menschen, die den anderen Teil tragen können. Viele haben den einen oder anderen Part verlernt. Manche übernehmen keine Verantwortung, obwohl sie stark genug wären, und andere wiederum holen sich keine Unterstützung, obwohl sie nicht dazu geschaffen sind, alles allein zu machen. Beides verursacht Überforderung und führt letztlich zu Stillstand." Er hielt inne.

„Und durch manche Stürme und Flüsse kommt man nun mal nicht glamourös und ohne nass zu werden", fuhr er fort. Ich hatte das Gefühl, ein leichtes Zwinkern in seinen Augen zu sehen, welches ohne Zweifel mir galt.

Etwas beschämt musste ich feststellen, wie recht er damit hatte. Ich wollte Krisen heldenhaft, mit Bravour, bestehen und danach ganz sicher nicht nass und erschöpft auf der Ersatzbank sitzen. Bei der Überquerung des Flusses war es offensichtlich gewesen, dass ich nass werden würde, aber in meinem Alltag hatte ich den Anspruch, alles ohne negative Emotionen und Wutausbrüche zu schaffen. Und wenn ich das nicht schaffte, fühlte ich mich wie eine Versagerin, die die Kontrolle verloren hatte. Aber was wäre, wenn ich zulassen würde, „nass und erschöpft" zu sein nach einer heftigen Auseinandersetzung? Was wäre, wenn ich, anstatt die Flüsse zu meiden, versuchen würde, meine Stützen und meinen Halt besser kennenzulernen?

„Manchmal ist das richtige Ziel nicht, das andere Ufer zu erreichen, wenn es für den Moment noch zu weit weg oder gar unerreichbar erscheint. Dann ist es wichtiger, den nächsten Ankerpunkt zu finden und zu nutzen, und sich nicht von der Kraft des Flusses beeindrucken zu lassen."

Ich dachte eine Weile darüber nach. Es gab viel zu verarbeiten und noch mehr an mir zu arbeiten. Ich spürte, dass meine Erwartungen an mich und mein Leben vergleichbar mit der Vorstellung waren, diesen Fluss zu überqueren, ohne einen Wassertropfen abzubekommen. Das konnte nicht funktionieren. Ich wollte lernen, das Nasswerden zuzulassen.

Doch ein anderer Gedanke machte sich in mir breit: Warum musste ich überhaupt immer an Zäune und Flüsse kommen, die mich alles kosteten? Hatten andere nicht auch ein entspanntes Leben, ohne ständig an ihre Grenzen zu stoßen?

„Starke Flüsse haben nicht nur eine negative Kraft. Ein starker Strom kann dich mit sich reißen, aber auch sehr viel stärker machen. Zu lernen, in tobenden Flüssen den Mut nicht zu verlieren, der Angst ins Auge zu blicken und einen Weg hindurchzufinden, birgt einen großen Schatz in sich."

Wir erholten uns noch einen Moment und machten uns dann wieder auf den Weg. Zu meinem Erstaunen waren wir gar nicht mehr weit vom Haus entfernt. Und da ich endlich einmal keinen Zaun sehen konnte, wollte ich gerade zügig losgehen, als der Mann in Weiß mich an der Schulter zurückhielt und auf den Boden deutete. Ich sah erst nicht, was er mir zeigen wollte, doch als ich näher hinschaute, sah ich etwas Glänzendes auf dem Boden liegen. Ich erschrak, denn wenn ich mich nicht täuschte, lag da eine Mine im Gras versteckt. Tatsächlich: Wir standen vor einem ganzen Minenfeld. Wäre ich daraufgetreten, hätte sie mich wohl in der Luft zerrissen.

Der Mann in Weiß reichte mir meinen Stab und behutsam tasteten wir uns weiter vor. Nicht nur einmal ließ die Berührung durch unsere Stäbe eine Mine hochgehen. Glücklicherweise war deren Zerstörungsradius jedoch nicht sehr groß, sodass die Stablänge Abstand uns vor der Explosion schützte. Hätte allerdings mein Fuß die Mine getroffen, wäre das dennoch sehr schmerzhaft geworden.

Wir kamen vor einem kleinen weißen Gartentor aus Holz zu stehen. Ich blickte über den hüfthohen Holzzaun und man konnte mir meine Überraschung im Gesicht ablesen. Was ich hier sah, hatte ich nach all den Strapazen definitiv nicht erwartet: Ein hübscher kleiner und beinahe penibel angelegter Garten umgab das kleine Häuschen. Alles wirkte wie aus einem Bilderbuch. Sogar der Rechen und Besen schienen den perfekten Platz bekommen zu haben.

Ich wollte den Mann in Weiß gerade fragen, wem dieses Haus gehörte, als ich eine Frau mittleren Alters sah, die dabei war, neue Blumen in ein Beet zu pflanzen.

Sie blickte auf. Der Mann in Weiß schien ihr vertraut zu sein, doch bei meinem Anblick erstarrte sie. Ihr Blick flatterte hektisch über den Garten und ihr Haus, als würde sie überprüfen wollen, ob alles am richtigen Platz war. Nervös und sichtlich angespannt kam sie uns entgegen.

„Ihr Garten und Haus sind zauberhaft", sagte ich bewundernd und versuchte so, die Stimmung zu lockern. Skeptisch und beinahe feindselig schaute sie mich an und murmelte dann ein leises „Danke", bevor sie mit der Hand auf einen kleinen Gartentisch zeigte, an den wir uns setzen sollten.

Der Mann in Weiß und sie plauderten ein wenig, doch die Atmosphäre war weiterhin spürbar aufgeladen. Ich hörte eine Weile zu, bis ich mich nicht mehr zurückhalten konnte und mit meiner Frage offen herausplatzte: „Warum um alles in der Welt gibt es hier so viele Zäune? Und was sollen die Minen vor Ihrem Garten?"

Ich wusste, noch bevor ich die Frage zu Ende gestellt hatte, dass ich damit ins Fettnäpfchen treten und einen wunden Punkt treffen würde. Aber ich konnte nicht anders.

Tränen kullerten über ihr Gesicht. Ich wollte mich gerade für meine Frage entschuldigen, da fing sie an zu erzählen.

„Ich habe das ganze Land geerbt und hatte große Pläne damit. Ich wollte eine riesige Parkanlage gestalten, in der viele verschiedene kleine Gärten angelegt werden sollten: verwilderte Plätzchen zum Ausruhen und Träumen neben großen saftigen Wiesen zum Picknicken, Spielen und gemeinsam das Leben genießen. Jede Menge Schaukeln sollten an den großen alten Bäumen hängen und überall kleine Geheimwege durch die Büsche führen – zum Spielen für die Kinder. Bäche und kleine Teiche zum Abkühlen sollte es geben. Und überall Blumen. So weit das Auge reicht: Blumen in jeder Farbe. Ein Ort, an dem jeder willkommen ist und sich wohlfühlt. Schön und unkompliziert. Verspielt, verwildert und doch geordnet. Das war meine Vision."

Ich sah, wie ihre Augen plötzlich zu leuchten begannen, und hörte, wie ihre Stimme von einer inneren Euphorie ergriffen wurde. Ich spürte, dass das Erzählen von ihrer Vision etwas in ihr wieder auferweckte, was wohl schon lange verschüttet gewesen war. Doch so schnell das Leuchten in ihren Augen gekommen war, so schnell erlosch es auch wieder, als sie sich peinlich berührt umsah.

„Mein Anspruch und meine Erwartungen waren zu hoch. Ich schaffte es nicht, das Land zu bewirten. Ich verlor mich in den Details und hatte irgendwann keinen Überblick mehr. Alle Angebote, mir zu helfen, verletzten mich nur, denn ich wollte, *musste* es selbst schaffen! Es war schließlich *mein* Land. Hilfe in Anspruch zu nehmen fühlte sich so an, als hätte ich die Kontrolle verloren." Tränen rollten ihr übers

Gesicht und ich konnte ihren großen Schmerz spüren. Ihren Schmerz, versagt zu haben, sich selbst und ihrem großen Traum nicht gerecht geworden zu sein. Wie gut kannte ich diesen Schmerz selbst ...

„Ich sah, wie die Menschen rundherum ihre kleinen Gärten mit wundervollen Blumen bepflanzten. Und je mehr ich mich umschaute, desto deutlicher wurde mir bewusst, wie verwildert mein eigenes Land war. Meine Vision kam mir lächerlich vor und schließlich wollte ich es einfach so machen wie die anderen. Doch die neugierigen Blicke von außen wurden mir zu viel und das große Ganze entglitt mir endgültig. Also baute ich die Mauer. Ich wollte sie niederreißen, wenn alles meiner Vorstellung entsprach.

Ich wollte zeigen, wozu ich fähig war, doch nach und nach resignierte ich überfordert und erschöpft, und ließ zu, dass alles wucherte und verwilderte. Nach einiger Zeit raffte ich mich auf und versuchte es erneut, doch auch dieses Mal scheiterte ich. Einige wenige Menschen kamen durchs Tor herein und versuchten, mir weise Ratschläge und Tipps zu geben, doch die trafen mich nur wie spitze Stacheln. Und so zog ich mich zurück und baute den Stacheldraht auf. Ich dachte, wenn ich mein Gebiet verkleinern würde, würde ich ganz sicher die Kontrolle zurückgewinnen. Aber ich hatte immer noch zu viele Fragen, wusste nicht, wo ich anfangen sollte – aber vor allem war ich verletzt. Mein Stolz stand mir im Weg. Also ließ in den Zaun stehen und zog mich immer weiter zurück."

Sie knetete verlegen ihre Hände und ich sah die vielen kleinen Wunden, die sie sich wohl geholt haben musste, als sie den Stacheldraht aufgebaut hatte.

„Aber die Überforderung ... sie blieb nicht draußen. Sie kam einfach mit. Ich wäre beim Überqueren des Flusses beinahe ertrunken und hab es nur dank der Hilfe des Mannes in Weiß auf die andere Seite geschafft. In meiner Wut auf mich selbst und darüber, dass ich nicht mal diesen Schritt allein geschafft hatte, verteilte ich dann die Minen. Ich schämte mich so sehr dafür, dass ich mir selbst so im Weg stand. Also zog ich mich hierher, hinter meinen kleinen Gartenzaun, zurück. Erst nach einiger Zeit fing ich an, die winzige Fläche zu bepflanzen so wie ich es für gut empfand. Und nach und nach entstand dieser kleine Garten."

Sie hielt inne und schaute sich um. Dann erhob sie erneut ihre matte Stimme. „Ich fühlte mich als Opfer meiner Umstände. Das Land, welches ich bekommen hatte, schien ein großes Geschenk, doch dann wurde es zu einer Bürde, die ich scheinbar nicht tragen konnte. Ich war nicht in der Lage, das Land im Blick zu behalten und aufrechtzuerhalten, und plötzlich fühlte es sich so an, als kontrollierte und beherrschte das Land *mich*. Ich war so wütend. Gefangen in einem Leben, das ich mir nicht ausgesucht hatte, und Aufgaben, denen ich offenbar nicht gewachsen war."

Ich konnte es an ihrem Blick sehen. Sie liebte ihren Garten. Und hasste ihn gleichzeitig.

Ihr Land und das Potenzial, das darin schlummerte, war riesig. Um der Kontrolle willen hatte sie sich immer weiter begrenzt, hatte sie immer mehr den Rückzug gesucht, sodass sie sich schließlich in ihren eigenen Grenzen eingesperrt fühlte. Schutzmauern wurden zu Gefängnismauern. Der Rückzugsort wurde zum Ort der Einsamkeit. Hier hatte sie alles unter Kontrolle, doch der Preis waren weite Teile ihrer Freiheit. Ich fühlte ihren Schmerz.

Dieses Fleckchen Erde, das sie bepflanzt hatte, war wundervoll. Aber war es genug, dass sie es als Einzige sehen konnte? War die Kontrolle zu haben, den Überblick zu behalten und dem eigenen perfektionistischen Anspruch gerecht zu werden, es wert, allein zu sein? War Isolation wirklich die Lösung?

Ich beobachtete die Frau, wie sie mit dem Mann in Weiß redete. Sie wirkte gelöster und viel entspannter, ja, sog die Gemeinschaft mit ihm geradezu auf. Sie wirkte wie eine schon beinahe vollständig verwelkte Blume, deren Vase endlich mit frischem Wasser aufgefüllt wurde.

Mir wurde bewusst, dass sie durch ihre Angst, die Kontrolle zu verlieren und zugeben zu müssen, dass sie nicht alles allein schaffen konnte, nicht nur eine Grenze nach außen gesetzt hatte, sondern vielmehr auch eine nach innen. Denn die Zäune und Mauern hielten nicht nur alle anderen davon ab, zu ihr zu kommen; sie hielten auch sie selbst davon ab, sich frei bewegen zu können.

Ich fühlte mich wie versteinert. So deutlich vor Augen geführt zu bekommen, wohin Angst führen konnte, wenn man alles im Blick behalten und nichts loslassen wollte, war hart. Ich realisierte, dass es auch mich einsperren würde, wenn ich nichts akzeptieren konnte, was weniger als perfekt war. Der Garten der Frau hatte jedoch gleichzeitig etwas so Beruhigendes und Friedliches an sich, dass ich in einen Zwiespalt geriet: So schlecht konnte es doch auch nicht sein, das Leben so zu leben wie sie, oder? Ich war verwirrt. Was war nun richtig?

Die Frau war ins Haus gegangen, und mir wurde bei den vielen Gedanken, die in meinem Kopf herumschwirrten, ganz schwindelig. Es fühlte sich an, als ob ein weiteres Mal der Boden unter meinen Füßen nachgeben würde. Doch der Mann in Weiß stand plötzlich neben mir und hielt mich fest. Er hatte meine Gedanken längst gelesen. Die Frau hatte sich zu uns gesellt, und es war, als ob der Mann in Weiß gleichzeitig zu mir und der Frau sprach: „Es gibt hier kein Richtig und Falsch. Beides gehört dazu: Sich zurückzuziehen ist genauso wichtig wie mitten im Trubel des Lebens zu sein. Was zählt, ist, die Balance zu halten und immer wieder den Schritt in die jeweils andere Richtung zu wagen. Einen Ort des Rückzugs und der Sicherheit zu kennen ist genauso wichtig wie sich aus der gewohnten Umgebung immer wieder herauszubewegen. Denn man kann nur Abenteuer erleben, wenn man bereit ist, auch einmal Neues zu wagen. Und ein Abenteuer bringt zwangsläufig mit sich, dass man nicht alles unter Kontrolle hat, aber sind es nicht gerade diese Erlebnisse, die das Leben so außergewöhnlich und lebenswert machen? Die unser Denken sprengen, unseren Horizont erweitern und uns staunen lassen über die Erfahrungen, die wir machen konnten?"

Intuitiv wollte auch ich lieber alles selbst unter Kontrolle behalten, denn Hilfe in Anspruch zu nehmen bedeutete schon, einen Teil der Verantwortung an andere zu übertragen und somit aus meinen Händen zu geben – nicht wissend, was genau dann geschieht. Aber ohne die Hilfe und Fähigkeiten anderer konnte man seinen Horizont auch nicht erweitern und blieb im gleichen kleinen Radius der Gewohnheit.

„Das Bewusstsein, Perfektion nie erlangen zu können, und die Bereitschaft, Erwartungen und Ansprüche loszulassen, ist manchmal wichtiger als die Veränderung selbst. Wenn dieser Schritt geschafft ist, bringt das ohnehin Veränderung mit sich. Loslassen kann schmerzhaft sein und braucht Zeit. Es bedeutet, um das, was man hatte, zu trauern und gleichzeitig darauf zu hoffen, dass etwas Neues kommt."

Als sich unsere Blicke kreuzten und wir im Gesicht der jeweils anderen sahen, wie betroffen sie war, mussten wir lachen. Lachen und weinen. Wir spürten den Schmerz vom Loslassen und gleichzeitig die große Erleichterung über einen Neuanfang.

„Die Kontrolle abzugeben bedeutet, loszulassen was war, ist und was wir uns für die Zukunft erhoffen und wünschen. Es bedeutet, den starren Blick zu lösen, um die Perspektive zu wechseln. Die verkrampften Fäuste zu öffnen und freizugeben, was wir ohnehin nicht ändern können. Es heißt, sich fortzubewegen, auch wenn man sein Ziel noch nicht genau vor Augen hat. Loslassen bedeutet, den Mut zu haben, nicht zu wissen, was kommt, und trotzdem darauf zu vertrauen, dass es gut wird. Nur durch Loslassen kann man wahre Freiheit erfahren. Aber man muss selbst bereit dazu sein, denn niemand sonst kann einen dazu bringen, frei zu werden. Manchmal muss man alles loslassen, was man hat, um alles zu bekommen, was man braucht. Und manchmal bedeutet loslassen, zu erkennen, dass nichts in unseren Händen liegt, aber alles in den Händen dessen, der alles zusammenhält."

Wir saßen schweigend am Tisch und mein Blick folgte einer Taube, die Richtung Abendsonne flog. Da stand die Frau auf, ging zum Gartentor und ließ ihren Blick wehmütig über ihr ganzes Land schweifen. Ich beobachtete sie und konnte ihr förmlich ansehen, wie die Angst vor der Überforderung aus ihren Augen wich und dem Leuchten Platz machte, das ich schon erhascht hatte, als sie von ihrer Vision erzählt hatte.

„Und was ist, wenn sie ihre Vision nie umsetzen kann?", fragte ich den Mann in Weiß nach einer Weile zaghaft. Ich spürte, wie sich wieder Angst in mir breitmachen wollte. „Denkst du wirklich, es ist wichtiger, dass sie einen perfekten Garten erschafft und alles unter Kontrolle hat, als dass sie frei ist?"

Ich spürte, dass sie bereit war, alles, was sie hatte, loszulassen, hinter sich zu lassen. Dass sie bereit war, sich ihrem großen Traum zu stellen. Bereit, ihrem Schmerz entgegenzutreten. Bereit, ihren sicheren Ort zu verlassen und ihr Gebiet

LOSLASSEN BEDEUTET,
DEN MUT ZU HABEN,
NICHT ZU WISSEN,
WAS KOMMT, UND TROTZDEM

DARAUF ZU VERTRAUEN, DASS ES

gut

WIRD.

zu erweitern. Bereit, sich dem Abenteuer Leben zu stellen, ohne zu wissen, was sie erwarten würde.

Und zum ersten Mal seit vielen Jahren trat sie aus ihrem Garten heraus und ließ das Tor offen stehen.

Die Frau war nach einem langen Spaziergang mit strahlendem Gesicht zurückgekommen. Wir aßen alle gemeinsam zu Abend, danach legte ich mich ins Bett des Gästezimmers der Frau und schlief ruhig ein.

Am nächsten Morgen verabschiedeten der Mann in Weiß und ich uns von der Frau, und wir gingen zum nach wie vor offenen Gartentor hinaus.

Wir waren schon einige Schritte gegangen, als ich abrupt stehen blieb. Wir waren ohne unsere Stäbe losgelaufen und befanden uns nun mitten auf dem Minenfeld. Bisher hatten wir wohl großes Glück gehabt. Der Mann in Weiß deutete auf den Boden. Direkt vor meinem linken Fuß lag eine Mine. Zitternd und voller Angst schaute ich ihn an. Ich kannte mich nicht aus mit Minen, aber in Actionfilmen konnte schon die zarteste Berührung eine Mine hochgehen lassen. Leider gehörte ich nicht zu den Frauen Typ Superheldin, die flink und grazil wie eine Raubkatze davonspringen oder sich wie ein Ninja davonschleichen konnten. Ich überlegte immer noch, welche der beiden Varianten mir zumindest mehr entsprechen würde, als ich aus dem Augenwinkel sah, wie der Mann in Weiß seine Hand nach der Mine ausstreckte.

Wir hatten doch nicht so einen weiten Weg zurückgelegt, um jetzt von einer Mine in die Luft gejagt zu werden! Ich schloss meine Augen, doch es geschah … nichts. Der Mann in Weiß legte etwas Kaltes, Metallisches in meine Hand. Ich traute mich beinahe nicht, meine Augen zu öffnen, doch als auch nach einer gefühlten Ewigkeit nichts passierte, blinzelte ich vorsichtig. Der Mann in Weiß zeigte mit seinem Finger auf die Mine und bei näherem Hinschauen erblickte ich ein paar Zahlen darauf. Ich brauchte einen Moment, bis ich verstand, was dort stand. Ziemlich überrascht und etwas verwirrt schaute ich den Mann in Weiß an.

„Ist das ein … Ablaufdatum? Wie konntest du wissen, dass das genau heute ist?"

„Die Minen haben mit der Entscheidung der Frau, sich nicht länger selbst zu verurteilen, ihre Explosionskraft verloren. Ihre Wut auf sich selbst und ihre Angst, die Kontrolle zu verlieren, waren es, die es so gefährlich gemacht hatten, sich ihr zu nähern."

Schweigend gingen wir nun über die Rasenfläche. Was bis gestern noch ein Feld gewesen war, das Verletzung hervorbringen konnte, war nun zu einer fast normalen Wiese geworden. Und das allein durch eine einzige Entscheidung. Nichtsdestotrotz war mir bewusst, dass wir noch ein paar andere Hindernisse vor uns hatten.

Ich hörte schon von Weitem das wilde Tosen des Flusses und spürte, wie sich alles in mir zusammenzog. Das Gefühl von Kraftlosigkeit und Ohnmacht versuchte, sich in jeder Zelle meines Körpers auszubreiten, und je näher wir dem Rauschen kamen, desto mehr verließ mich die Zuversicht, es ein zweites Mal durch den Fluss zu schaffen.

Doch auch diesmal überraschte mich der Mann in Weiß – denn ich konnte etwas entfernt schemenhaft eine Brücke erkennen. Wie lange war sie schon da gewesen? Und wenn sie schon am vorigen Tag da gewesen war, warum um alles in der Welt hatte er mich dann durch den Fluss kämpfen lassen? Sosehr mir auch ein Stein vom Herzen fiel, kroch doch das Gefühl von Misstrauen und Anklage in mir hoch. Meinte der Mann in Weiß es also doch nicht gut mit mir? Wollte er, dass ich litt und einen unnötig schweren Weg ging?

Traurig fing er an zu sprechen: „Ich kann dir nicht alle reißenden Flüsse und Stürme des Lebens ersparen und nicht immer ist eine Brücke die beste Option, um nicht nass zu werden.

ABER ICH MÖCHTE DIR VERSCHIEDENE WEGE ZEIGEN UND DIR DABEI HELFEN, DURCH ALLE NOCH KOMMENDEN STÜRME HINDURCHZUKOMMEN. DAS MACHT DICH STÄRKER UND UNABHÄNGIGER VON DEN UMSTÄNDEN DES LEBENS.“

Ich war immer noch beleidigt und ging schmollend und mit gesenktem Blick hinter ihm her. Beinahe wäre ich in ihn hineingelaufen, als er abrupt stehen blieb. Ich schaute hoch und ein roter Schimmer überzog meine Wangen: Wir standen vor einer Zugbrücke, die offensichtlich nur von dieser Seite heruntergelassen werden konnte. Wir hätten den Fluss gestern also gar nicht auf diese Art überqueren können. Verlegen schaute ich ihn an, aber als ich das Lächeln auf seinem Gesicht sah, wusste ich, dass alles gut war. „Es tut mir leid“, murmelte ich und hoffte, dass er es trotz des Rauschens hörte.

Gemeinsam kurbelten wir die schwere Brücke nach unten. Auf der Mitte der Brücke blieben wir für einen Moment stehen. Von hier oben hatte der Fluss eine unglaubliche Dynamik und war mit seinem türkisblauen Wasser, das wild durch die zauberhafte Landschaft strömte, wunderschön anzusehen. Paradoxerweise verspürte ich sogar den Wunsch, hineinzuspringen und mich zu erfrischen. Doch heute war nicht der Zeitpunkt dafür.

„An manchen Tagen kann ein und derselbe Fluss dich in Staunen versetzen, der vorher Entsetzen in dir ausgelöst hat. Manchmal ist es nur eine Frage der Perspektive – und der Einstellung. Unsere wunden Punkte und Schwächen scheinen uns das Leben mühsam zu machen, aber gerade in unseren Unzulänglichkeiten und schweren Umständen liegt auch ein Schatz verborgen. Wenn man lernt, sie auch

mit allem Schweren und Überfordernden anzunehmen, kann wahre und überwältigende Schönheit zum Vorschein kommen."
Wir verweilten noch einen kurzen Moment auf der Brücke und ich sog den Anblick in mich auf, bevor wir uns wieder auf den Weg machten.

Noch bevor ich mir Sorgen darüber machen musste, wie wir als Nächstes den Stacheldrahtzaun überwinden konnten, sah ich, dass an vielen Stellen der Zaun schon abgebaut worden war. Ich schaute den Mann in Weiß an. Er lächelte, und ich spürte, dass er wohl für sich behalten würde, wem wir diesen einfachen Durchgang zu verdanken hatten.

Dann traten wir auf die riesige Fläche, die mir auf dem Hinweg wie eine einzige wuchernde Wildnis vorgekommen war. Ich konnte nicht ausmachen, woran es lag, doch das große Gelände wirkte nun schon fast wie ein angelegter Garten. Überall konnte man Ansätze von der Vision der Frau erkennen: Kleine Wege schlängelten sich durch die Büsche, eine Schaukel hing an einem riesigen Baum, dann kam wieder eine große Wiese, die einlud, zu verweilen. Ein zugewachsener Rosengarten zog mein Interesse auf sich und so schlenderten wir über kleine Wege vorbei an unzähligen wilden Rosen. An manchen Stellen war der Weg zugewachsen, sodass wir uns durch die Dornen hindurchzwängen mussten, aber die paar Kratzer machten mir nichts aus, denn die wilde Schönheit, die ich hier entdeckte, bewegte mich zutiefst und erfreute mein Herz.

„Wurde hier seit gestern so viel verändert, dass heute alles schon so wunderschön aussieht?", fragte ich verblüfft und immer noch fasziniert von den neuen Wegen, die sich immer wieder vor uns auftaten.

„Nein, hier hat sich seit gestern überhaupt nichts verändert."

„Aber wie ist das möglich? Alles sieht so zauberhaft aus."

„Dein Blick auf die Dinge hat sich verändert. Du siehst nun nicht mehr, was alles nicht stimmt und wo überall noch etwas verändert werden müsste, sondern das, was schon vorhanden ist. Du siehst das Potenzial nicht mehr aus dem Blick der Perfektion, sondern aus dem Blick der Gnade. Würde der Garten so bleiben, so wäre an manchen Stellen vielleicht nicht das volle Potenzial ausgeschöpft worden, aber er wäre trotzdem wundervoll und liebenswert. Mit dem nach Perfektion suchenden Blick sieht man nur, was noch nicht fertig ist. Und da auf dieser Erde Perfektion nie vollständig erreicht werden kann, wäre man nie zufrieden.

WER NUR NACH PERFEKTION STREBT, KANN SICH SCHNELL IN EINER ILLUSION DER ZUKUNFT VERLIEREN, WÄHREND DAS HIER UND JETZT IHM ENTGEHT.

Manche verwechseln die Fähigkeit, Potenzial in etwas sehen und Menschen oder Projekte zum Aufblühen zu bringen mit dem Streben nach Perfektion. Um aufzublühen, braucht es jedoch Zeit. Zeit, erst mal in die Tiefe zu gehen und Wurzeln

B
DU SIEHST DAS POTENZIAL NICHT MEHR AUS
DEM BLICK DER PERFEKTION, SONDERN AUS DEM
Blick
der Gnade.

zu schlagen und erst dann durch die Erdschichten zu dringen, dem Himmel entgegenzuwachsen – und schließlich aufzublühen. Wie viel Zeit die jeweiligen Prozesse brauchen liegt nicht in deiner Hand und kannst du nicht kontrollieren. Perfektion verlangt sofortige Ergebnisse und somit, dass alle Schritte, die man nicht sieht, übersprungen werden, weil sie scheinbar nicht relevant sind. Ein Potenzial zu entfalten heißt, sich auf den Weg zum Ziel zu machen, loszulassen – und Dingen ihre Zeit zu geben, wohingegen das Streben nach Perfektion bedeutet, nicht bereit zu sein, Fehler zuzulassen und zwischendurch auch einmal stehen zu bleiben und innezuhalten. Es macht ungnädig und ungeduldig und gibt sich mit nichts weniger als Vollkommenheit zufrieden.

Der Blick der Gnade heißt, sowohl Vergangenes als auch Zukünftiges immer wieder loszulassen, neu zu umarmen und dann ruhenzulassen. Es bedeutet, die Kontrolle abzugeben und zu vertrauen."

Schweigend schlenderten wir weiter durch die wilde Schönheit, die mein Herz ergriffen hatte. Ich dachte lange darüber nach, was der Mann in Weiß gesagt hatte. Ich wusste, dass ich mehr nach Perfektion als nach Freiheit strebte. Danach, alles fest im Blick und sicher im Griff zu haben, anstatt einfach loszulassen und darauf zu vertrauen, dass das Leben auch ohne meine sorgenvollen und strengen Blicke aufblühen konnte. Ich wollte Ergebnisse sehen und war ungeduldig und frustriert, wenn die Erde scheinbar nur brachlag. Ich war oft sowohl mir selbst als auch meinem Umfeld gegenüber sehr ungnädig, gefangen in der Spirale des Perfektionismus und von der Angst, Fehler zu machen oder etwas nicht unter Kontrolle zu haben. Es stimmte mich traurig, wenn ich daran dachte, an wie vielen wundervollen wilden Gärten ich schon vorbeigegangen war, deren Schönheit ich aus Arroganz verpasst hatte und deren Potenzial ich mit unzähligen Verbesserungsvorschlägen achtlos niedergetrampelt hatte …

Wir kamen am großen Eisentor zum Stehen, welches – wie hätte es auch anders sein sollen – nun ebenfalls weit geöffnet war. Wir waren nun also wieder am Anfang angekommen. Hier würde die Reise zum Thema „Kontrolle" enden. Ich war tief berührt von den letzten Erlebnissen und wollte mich gerade schon andächtig bei dem Mann in Weiß bedanken, da fiel mein Blick auf etwas, das ich zuvor nicht wahrgenommen hatte: Zwei Paar Schlittschuhe lagen neben dem Eingang. Aus dem Augenwinkel konnte ich sehen, wie der Mann in Weiß grinste, sich das größere Paar der Schlittschuhe schnappte und sie anzog. Langsam begann ich zu begreifen. Auf dem Hinweg waren wir über eine riesige Eisfläche geschlittert und gerutscht … Die Aussicht auf das Kommende erfüllte mich mit leichtem Schaudern.

Wenn es etwas gab, wobei ich keine Kontrolle hatte und mich noch dazu lächerlich machte, dann war es Schlittschuhlaufen. Ich weiß nicht, warum ich es als Kind nicht gelernt hatte, als es gesellschaftlich noch völlig akzeptabel war, sich eines der kleinen dicken Pinguin-Gestelle zu schnappen, um nicht auf die Nase zu fallen. Den Pinguin konnte man dann entspannt vor sich übers Eis schieben und bekam sogar noch ein entzücktes Lächeln der Erwachsenen geschenkt. Nun sah ich weit und breit keinen dicken Pinguin, an dem ich mich hätte festhalten können. Ich kam mir lächerlich vor und kämpfte mit meinem Stolz, bevor ich meine Schlittschuhe überhaupt angezogen hatte. Bisher hatte ich das Schlittschuhlaufen erfolgreich gemieden, denn ich wäre die Person, über die sich alle anderen Anfänger freuten, da ich alle Aufmerksamkeit auf mich ziehen würde: mit der schlechtesten Kür und den meisten Berührungen zwischen Po und Eis. Und wenn ich versuchte, so wenig wie möglich hinzufallen, dann hatte ich dabei sicherlich keinen Spaß, denn das endete nur in Beinkrämpfen und unbeholfenem Zappeln, um das Gleichgewicht nicht zu verlieren.

Ich sah, wie der Mann in Weiß elegant seine Kreise auf dem Eis zog, halsbrecherische Pirouetten drehte und sogar Sprünge wagte, bei denen ich kaum hinsehen konnte. Es war absolut wundervoll, inspirierend und sah so leicht und frei aus. Ich musste schmunzeln, denn er überraschte mich immer wieder aufs Neue mit seinen unterschiedlichen Eigenschaften und Fähigkeiten. Eiskunstlaufen war kein Sport, den ich großartig verfolgte, aber wer es schaffte, sich ohne Angst vor möglichen schmerzhaften Stürzen einer Sportart zu stellen, die zu Beginn so viel Bereitschaft zum Kontrolle abgeben von einem abverlangte, dann aber so viel Schönheit hervorbrachte, dem gebührte mein Respekt.

„Der erste Schritt auf das Eis bedeutet immer ein Stück Kontrollverlust. Die Kunst ist, die Angst davor zu verlieren und die Kontrolle danach Stück für Stück wiederzugewinnen. Je mehr du trainierst, desto seltener und weniger schmerzhaft werden die Stürze. Und irgendwann überwiegt die Freiheit und du besiegst die Angst, die Kontrolle zu verlieren. Komm!“

Er machte eine Bewegung und sah für einen Moment aus wie ein Pinguin. Er streckte mir die Hand entgegen und zwinkerte mir zu.

Ich lachte und dann wagte ich, wenn auch etwas widerwillig, meinen ersten Schritt aufs Eis.

Außer KONTROLLE

Kontrolle
Perfektion
Ich habe es im Griff.

Ich halte fest.
Lasse nicht los.
Dann falle ich nicht.

Alles ist gut,
so wie ich will.

Doch was, wenn einer loslässt?
Wenn das Gefüge wackelt oder gar zerbricht?

Ich verliere die Kontrolle.

Der Sturm erwischt mich mit aller Kraft. Das perfekte Bild zerfließt wie Make-up im Regen.

Ich lasse los.

Lasse los, was ich nicht halten kann. Lasse los, was ich nicht kontrollieren kann. Lasse los, was nicht in meiner Hand liegt.

Loslassen braucht Mut.
Mut, nicht zu wissen, was kommt.

Loslassen braucht Vertrauen.
Vertrauen, dass es gut kommt.

Loslassen bringt Freiheit.
Freiheit, sich zu finden, zu umarmen und gemeinsam Neues zu wagen.

Kontrolle LOS-LASSEN

Kontrolle loszulassen war ein Thema, das mich lange und immer wieder sehr beschäftigte, denn die Erkenntnisse und Lektionen aus dem letzten Haus musste ich in meinem Alltag oft trainieren. Viele meiner alltäglichen Herausforderungen hatten sich nicht grundlegend geändert seit den Erlebnissen mit dem Mann in Weiß.

So manche Wutausbrüche meiner Kinder blieben nicht aus. Aber ich hatte gelernt, mich nicht jedes Mal in den Strom der negativen Gefühle ziehen zu lassen. Immer noch kostete es mich viel Kraft, ihre starken Emotionen nicht zu meinen eigenen zu machen. Doch auch, wenn ich mal „nass wurde" in einem Sturm der Gefühle, mitweinte oder laut wurde, verurteilte ich mich nicht mehr so wie früher, sondern stand wieder auf und versuchte, es beim nächsten Mal besser zu machen.

Und irgendwann bemerkte ich, wie ich mehr und mehr die Schönheit, Individualität und Kraft sehen konnte, die in meinen Kindern steckten. Meine Aufmerksamkeit blieb nicht mehr bei ihren heftigen Gefühlsausbrüchen hängen, sondern richtete sich nun verstärkt auf die vielen tollen und wertvollen Momente, die ich mit meinen Kindern erlebte.

Oft wäre ich lieber in meinem Schneckenhaus geblieben, anstatt mich dem Leben mit all seinen Unsicherheiten, Erwartungen und Anforderungen zu stellen, doch ich spürte, dass ich mich nach mehr Freiheit und Abenteuer sehnte und es Zeit war, das eine oder andere zu wagen. Mit dieser Sehnsucht im Herz wünschte ich mir manchmal die Unbeschwertheit eines Kindes zurück.

Als ich an einem lauen Sommerabend auf unserem Sofa saß, schloss ich für einen Moment die Augen.

Da kam vor meinem inneren Auge der Mann mit dem silbergrauen Haar auf mich zu. Auch ihn kannte ich von früheren innerlichen Erlebnissen. Er war mir stets wie ein liebevoller und starker Vater begegnet. Seine verständnisvolle und ebenso humorvolle Art taten meiner Seele gut. Er strahlte Sicherheit, Stärke und Ruhe aus, doch als ich in seine Augen blickte, konnte ich darin auch die Abenteuerlust aufblitzen sehen. Ich freute mich sehr, ihn zu sehen.

Noch bevor ich ihn fragen konnte, was er hier machte, nahm er meine Hand und sagte mit einem Zwinkern: „Komm, heute ist Vater-Tochter-Tag."

Er führte mich in einen märchenhaften Park. Er sah aus wie aus einem Film. Wir waren auf einem bunten Jahrmarkt gelandet. Doch anders als das Oktoberfest, das ich aus München kannte und nicht unbedingt mochte, war dieser Jahrmarkt nicht menschenüberlaufen, laut und schrill, sondern strahlte etwas Märchenhaftes, ja beinahe Zauberhaftes aus. Die Sonne war gerade dabei, hinter dem Horizont zu verschwinden, und hinterließ ein farbenfrohes Meisterwerk am Abendhimmel, wie nur sie es konnte.

Lichtergirlanden hingen an alten, großen Bäumen und die bunten Lichter der Fahrgeschäfte blinkten mit ihnen um die Wette. Der süßliche Duft von Zuckerwatte lag in der Luft und die verschlungenen Wege durch den Park offenbarten immer wieder ein neues Spektakel. Wir kamen vor einem alten, wunderhübschen Karussell zum Stehen. Wir waren die Einzigen vor Ort und ich kam mir etwas komisch vor, das Karussell zu betreten. Doch kaum hatten wir unsere Plätze eingenommen, ich auf dem weißen Pferd und der Mann mit dem silbergrauen Haar auf einem Elefanten neben mir, mussten wir lachen. Wir lachten beide so lange, bis uns die Tränen kamen, und ich fühlte mich frei und unbeschwert wie ein kleines Kind, während das Karussell seine Runden drehte.

Wir fuhren Achterbahn, ohne dass mir schlecht wurde, wir lachten über meine nicht vorhandene Treffsicherheit beim Dosenschießen, wir genossen den Ausblick aus dem Riesenrad, während wir über die Welt philosophierten, wir bestaunten die artistischen Künste der Akrobaten und lauschten den melancholischen Klängen eines Orchesters, während wir auf einer Parkbank saßen und zusahen, wie sich der Mond in silbernen Funken auf dem See spiegelte.

Irgendwann hatte das Orchester sein letztes Stück beendet, doch das Zirpen der Grillen, das Rauschen des Windes und das Plätschern des Wassers standen dem Konzert in nichts nach.

„Warum das alles?", fragte ich den Mann mit dem silbergrauen Haar, nachdem wir aufgestanden waren und uns auf den Rückweg machten. Und obwohl es ein perfekter Abend war, der nicht schöner hätte sein können, stieg nun ein Gefühl in mir hoch, dass er bestimmt noch irgendeine Lektion für mich bereithielt oder Erwartung an mich hatte.

„Oh, mein liebes Kind", sagte er mit so viel Liebe in seiner Stimme, dass es mir ganz warm ums Herz wurde. Er schaute mir tief in die Augen. „Ich wollte, dass du einfach sein kannst. Du leistest so viel. Du musst so viel zurückstecken. Du musstest so früh erwachsen sein. Ich wollte einfach, dass du Freude hast, lachen darfst, loslassen kannst, sein darfst, ohne den Anspruch, perfekt zu sein und alles unter Kontrolle zu haben.
ICH WOLLTE, DASS DU FÜR EINEN MOMENT WIEDER KIND SEIN KANNST, MEIN KIND."

Er nahm mich in seine starken Arme.

Doch just in dem Moment fing es an zu regnen, als wäre ein Wasserballon über uns geplatzt. Wir mussten beide lachen, während der Mann mit dem silbergrauen Haar mich ein paarmal im warmen Regen drehte, bevor wir irgendwann völlig durchnässt nach Hause gingen.

Dass das Wetter nicht mal in so einem tiefen Moment kontrolliert werden konnte ... Aber ich hatte ja gelernt, nass zu werden.

SPA Day

Ich war es gewohnt, keine Nacht mehr durchzuschlafen, seit unsere erste Tochter auf der Welt war. Wir hatten über die Jahre alles versucht, um diesen leidigen Zustand zu ändern oder damit zurechtzukommen, aber manche Nächte fühlten sich wie Folter an. Alle paar Wochen kamen ein paar Nächte, die in Ordnung oder fast schon gut waren. Aber wann, wusste ich nicht, und bis dahin war ich oft schon so erschöpft und mein Körper im Nachtalarm-Modus, dass er mich nicht mehr einschlafen, geschweige denn in Tiefschlaf fallen ließ. So lag ich auch in ruhigen Nächten stundenlang wach.

Wir hatten schlaftechnisch mehrere solcher Wochen hinter uns. Tagsüber schwappten mir viele Emotionen meiner Kinder entgegen, die ich genauso wenig abfangen wie ausgleichen konnte.

Mein Körper fing an, die Not-Notbremse zu ziehen und zwang mich mit Fieber ins Bett. Doch mit zwei kleinen Mädchen, die am liebsten immer bei der Mama sein wollten, obwohl der Papa „der Beste" war, war Erholung keine einfache Übung.

Ich kam mir dumm und alleingelassen vor. Auf der einen Seite erlebte ich mit dem Mann in Weiß so besondere Momente, in denen er mir all diese wertvollen Erkenntnisse über mich und mein Leben schenkte und Veränderung brachte. Auf der anderen Seite blieb ein Gebet, das ich schon seit der Geburt meiner Kinder fast täglich betete, unbeantwortet. Das nächtliche Weinen und der daraus resultierende permanente Schlafmangel hörten einfach nicht auf und raubten mir emotional und körperlich jede Kraft.

Hatte ich etwas falsch gemacht? Warum ging es mir nicht besser? Müssten die Erlebnisse mit dem Mann in Weiß nicht einen viel größeren Unterschied in meinem Alltag machen?

Zu der riesigen körperlichen Erschöpfung kamen die unzähligen sorgenvollen Gedanken, die wie Geier um ihre Beute kreisten. Wieso griff Gott nicht ein? Wieso ließ er zu, dass ausgerechnet so etwas Banales wie Schlaf wie ein Stachel in mir stecken blieb und mein ganzes Leben erschwerte? Ich erfuhr innere Heilung, und doch fühlte ich mich mit meiner körperlichen Erschöpfung alleingelassen.

Noch während die negativen Gedanken versuchten, mir die letzte Kraft zu rauben, spürte ich, wie ich in einen angenehm warmen Raum geschoben wurde. Das gedämpfte Licht, die dunklen Steinplatten und der beruhigende Duft, der in der Luft hing, erinnerten mich an ein Spa. Ich war so erschöpft, dass ich kaum realisierte, dass eine Frau den Raum betrat. Wie eine Mutter ihrem kleinen Kind, half sie mir, meine Kleider auszuziehen und einen Bademantel anzuziehen. Dann verschwand sie so leise und schnell wieder, wie sie gekommen war. Ich stand eine Weile still im Umkleideraum und wusste nicht so recht, wohin mit mir. Ich sah den Wäschekorb mit meinen Kleidern, die in dem Licht doch sehr mitgenommen wirkten, und war froh, dass ich im Moment etwas Frisches anhatte, auch wenn ich mich innerlich nicht sehr frisch fühlte.

Ich drehte mich um und entdeckte den Durchgang zu einer großen Regendusche. Ich legte den Bademantel ab und mit meinem ersten Schritt hinein in die Dusche rieselten die warmen Wassertropfen auf mich herab. Ich fühlte mich innerlich und äußerlich leer und verschmutzt. Ich hatte das Gefühl, als würde das Wasser eine dicke Staubschicht abwaschen – von allem, was ich die letzten Wochen nicht geschafft hatte, was liegengeblieben und nicht gut gelaufen war. Als ich so unter der Dusche stand, verlor ich jegliches Zeitgefühl. Ich fühlte mich zwar immer noch nicht wirklich frisch und war nach wie vor erschöpft, doch ich spürte, dass es an der Zeit war, weiterzugehen.

Scheinbar sah das die Regendusche genauso, denn sie ging langsam aus. Also nahm ich meinen Bademantel und ging durch die Tür auf der gegenüberliegenden Seite des Raumes. Dahinter war eine große Sauna. Das helle Holz strahlte Wärme und Gemütlichkeit aus. Ich schaute mich um und überlegte, wo ich mich hinlegen sollte. Da mir auf den oberen Plätzen immer zu heiß wurde, war ich froh, als ich sah, dass mitten auf dem Holzboden ein großes, weißes Handtuch ausgebreitet war. Das war dann wohl mein Platz. Ich legte mich hin und lauschte den leisen und meditativen Naturgeräuschen, die durch die kleinen Lautsprecher drangen.

Ich spürte, wie sich durch die Hitze alle Poren öffneten und wie alles, was die Regendusche nicht abwaschen konnte, nun herausgeschwitzt wurde: all die Dinge, die unter der Oberfläche lagen, die man auf den ersten Blick nicht sehen konnte, drangen nach draußen. Es tat gut, einfach dazuliegen und wahrzunehmen, wie mein Körper sich selbst reinigte.

Nachdem ich genug geschwitzt hatte, ging ich durch einen Vorhang aus Eiswasser in den nächsten Raum. Der kurze Kälteschauer war erfrischend für Körper und Geist.

Hinter der Eisdusche befand sich ein Dampfbad. Eine kleine, aber gemütliche Höhle, gefüllt mit angenehm riechendem Dampf, tat sich vor mir auf. Ich setzte mich auf die Bank und ließ meinen Blick über die dunkle Steinwand gleiten.

Das gedämpfte Licht und der warme Dampf taten mir gut, und die wild kreisenden Gedanken wurden allmählich langsamer, lösten sich nach und nach auf. Der aufsteigende Dampf und die angenehmen Düfte klärten meinen Geist, und ich hatte seit Langem endlich wieder einmal das Gefühl, den Durchblick zu haben – trotz des dichten Dampfs um mich herum. Ich fühlte mich geborgen in dieser warmen, dunkeln Grotte und hätte noch lange bleiben können, doch wieder einmal merkte ich, dass es Zeit war, weiterzugehen.

Mir fiel auf, dass ich den Ausgang immer erst richtig vor mir sah, wenn ich auch bereit war zu gehen. So gab der dichte Wasserdampf auch jetzt erst die Sicht auf die Ausgangstür frei.

Ich blinzelte mehrmals, denn nach der dunklen Grotte mussten sich meine Augen erst an den lichtdurchfluteten Raum mit der wunderschönen Glaskuppel gewöhnen. In der Mitte des Raumes stand etwas erhöht ein Whirlpool. Das blaue Wasser sprudelte in aller Leichtigkeit vor sich hin. Und mit dem Eintauchen in das warme Sprudelwasser ahnte ich, dass genau das wohl die Aufgabe des Pools war. Jede einzelne Düse traf eine meiner Verspannungen und löste die Verkrampfungen in meinem Körper. Nach und nach durchströmte mich eine neue Leichtigkeit, als würde ich im Wasser schweben. Gleichzeitig hatte ich das Gefühl, dass das Sprudeln des Wassers den letzten Rest an Schwere mit seiner Leichtigkeit wegspülte und mich vollends reinigte.

Nachdem ich meine Augen lange geschlossen gehalten hatte, spürte ich nun wieder genügend Kraft in mir, um die Welt um mich herum wahrzunehmen. Der Blick durch die Glaskuppel war wundervoll und hatte eine genauso entspannende Wirkung wie der Whirlpool selbst: Erste Herbstblätter tanzten im Wind, während Vögel durch die Lüfte schwebten und die trägen Wolken gemütlich vorbeizogen.

Noch bevor ich den Gedanken ans Verlassen des Pools zu Ende denken konnte, gingen die Düsen aus und ich erblickte die Umkleidekabine auf der anderen Seite des Raums. Große, flauschige Handtücher, ein Fön, eine Bürste und neue Kleider lagen dort für mich bereit. Und auch, wenn ich etwas wehmütig auf den Whirlpool blickte, so war dieser Anblick doch auch sehr verlockend. Es war ein schöner Spa-Tag gewesen.

Als ich fertig angezogen war und meine Haare geföhnt hatte, schaute ich mich verwundert um – denn zum ersten Mal sah ich keinen Ausgang. Da öffnete sich eine Tür und die Frau, die mir zu Beginn aus meinen Kleidern geholfen hatte, winkte mich zu sich: „Komm! Du bist noch nicht fertig!“ Ich hatte sie bei unserer ersten Begegnung vor lauter Erschöpfung gar nicht richtig angeschaut. Jetzt sah ich, dass sie wunderschön war. Und sie kam mir sehr bekannt vor, doch ich hatte keine Zeit zu überlegen, wer sie war, denn sie schob mich sanft ins nächste Zimmer, in dessen Mitte ein Kosmetikstuhl stand.

Das Zimmer war sehr stilbewusst und exklusiv eingerichtet. Schönheit, Schlichtheit und Natürlichkeit waren hier perfekt im Einklang. Ich setzte mich etwas unbeholfen und verlegen auf den Stuhl. Bisher war ich allein gewesen bei meinem Spa-Tag. Ich hatte weder mein Gesicht wahren noch offenbaren müssen, dass ich es allein nicht schaffte. Mein Körper war nun zwar gereinigt und erfrischt, doch meine Seele war noch längst nicht an diesem Punkt angelangt. Ich spürte, dass ich mich der exklusiven Behandlung nicht würdig fühlte und für einen kurzen Moment am liebsten wieder gegangen wäre. Ich wollte meine Probleme nicht zu ihren machen.

Da kreuzten sich unsere Blicke und ich sah in ihren Augen tiefes Mitgefühl, aber auch eine unerschöpfliche Energie. Sie sprach kein Wort, sondern fing einfach an, meine Füße mit dem feinsten duftenden Öl zu massieren. Und während sie leise summend vor mir kniete, war es, als ob in mir der Damm eines Stausees geöffnet würde. Tränen flossen ohne Unterlass über mein Gesicht. Ich war mir sicher, dass sie es bemerkte, aber sie ließ sich nicht aus der Ruhe bringen. Dafür war ich ihr sehr dankbar. Die Tränen spülten nun endlich auch den ganzen inneren Schmutz, die ganze Kruste, die sich um mein Herz gelegt hatte, nach draußen. Es dauerte lange, bis sie versiegten.

Als ich irgendwann zu der schönen Frau blickte, sah ich, dass sie soeben mit dem Lackieren meiner Fußnägel fertig geworden war. Leise und behutsam wechselte sie zu meinen Händen. Durch ihre Massage floss ein warmer Strom von meinen Händen bis zu meinem Herzen. Als ob sie mir durch die Massage Wertschätzung für alles, was ich tat, ausdrücken würde. Und punktgenau, als mir richtig warm ums Herz war, war sie mit dem letzten Fingernagel fertig. Ich hatte keine Ahnung, wie sie es schaffte, mit meinem Inneren so sehr im Einklang zu sein, dass sie jedes Mal zum genau richtigen Zeitpunkt den äußeren Prozess beenden konnte, aber ich hatte inzwischen gelernt, manches einfach zu genießen und anzunehmen.

Als Letztes widmete sie sich meinem Kopf. Sie massierte mein Gesicht und meine Stirn. Mit jeder ihrer Berührungen löste sich meine Scham darüber, es nicht gut genug machen zu können oder es überhaupt nicht zu schaffen. Es – das Leben. Die Verkrampfung und der Schmerz saßen so tief und fest, dass ich erst mit ihrer Lösung spürte, wie stark meine Verspannungen wirklich gewesen waren.

Zum Abschluss schminkte und frisierte sie mich noch und sah mich dann lächelnd an: „*Jetzt* bist du bereit!“

Ich hatte den Satz bisher nur als Frage gehört. Umso erstaunter war ich, dass ich diesmal nicht selbst beantworten musste, ob ich bereit war. Scheinbar war ich es. Aber wozu überhaupt?

Die Frau öffnete eine Tür, die zu einem wunderschönen Garten führte. Ich trat nach draußen und lief ein paar Schritte durch das weiche Gras, das sich wie ein Samtteppich anfühlte. Der liebliche und frische Duft von unzähligen Blumen lag in der Luft. Es war wie ein unglaubliches Duftbouquet, perfekt aufeinander abgestimmt.

Ich hätte einfach für immer so da stehen bleiben können. Ein leichter Wind wehte sanft durch mein frisches Haar und kaum merklich trat die Frau neben mich. Ich hatte sie bisher noch nicht wiedererkannt, so beschäftigt war ich mit mir selbst gewesen. Doch als ich nun in ihre Augen blickte, wusste ich, wer sie war. Diese Augen konnte man nicht vergessen!

Es war die gleiche Frau, die mir wie eine Mutter liebevoll aus den verschmutzten Kleidern geholfen hatte, die mich, wohl wissend um meine Schwachheit, vor mir kniend massiert hatte und die mich gepflegt, zurechtgemacht und geschminkt hatte, als wäre ich Königin Esther.

Ich war ihr zuletzt auf dem Schlachtfeld und auch einige Male zuvor begegnet. Ihr sanftes Wesen glich dem Wind: zart, unaufdringlich und doch kraftvoll. Ihr Alter war unmöglich zu schätzen. Ihr ganzes Wesen strahlte pures Leben, Schönheit und Energie aus. In ihr schienen alle Kreativität, Inspiration und alles Wissen dieser Welt vereint zu sein. Sie besaß die Weisheit aller weisen Menschen, die es je gegeben hatte und geben wird, und gleichzeitig war sie so präsent im Hier und Jetzt, als gäbe es kein Morgen. Doch trotz aller Weisheit, Schönheit und Kraft, die von ihr ausgingen, war ihr Frieden, ihr tiefes Mitgefühl und ihre unendliche Liebe das Beeindruckendste an ihr.

Sie trug ein schimmerndes Kleid. Es bewegte sich leicht im Wind hin und her und die Sonnenstrahlen ließen es in allen Farben glitzern. Diese Frau sah einfach unglaublich aus, doch ihre Schönheit und Anmut waren weder einschüchternd noch beschämend, denn ihr Gesicht spiegelte nichts als Liebe und Freundlichkeit wider. Sie umarmte mich fest.

Immer noch geblendet von ihrer Schönheit nahm sie meine Hand und plauderte los, als wären wir alte Freundinnen. In ihrer Gegenwart konnte ich mich völlig entspannen und genoss ihre Gesellschaft und die Schönheit der Natur.

Irgendwann blieb sie stehen, schaute mir tief in die Augen und sagte:
„ICH BIN GENUG.“

Der Blick in ihre tiefen Augen war wie der erste Blickkontakt zwischen einem Neugeborenen und seiner Mutter. Der erste Blick in die Augen der Mutter nach dem Schock, schutzlos der Welt ausgeliefert zu sein. Doch im Blick der Mutter findet das Neugeborene alles, was es braucht. Es findet darin bedingungslose Liebe, die sagt: Du bist genug. Die aufgeschreckte Seele beruhigt sich. Der Schock über die neue Welt lässt nach und Geborgenheit und Frieden machen sich breit in dem Wissen: Ich kann nichts, aber sie kann alles.

Die drei Worte trafen mich mitten ins Herz. Ich wusste, dass diese Worte mehrere Bedeutungen hatten. Sie sprachen mir zu, dass ich genug war. Dass ich – mit allem, was ich war, konnte und nicht konnte – genug war. Und gleichzeitig wusste ich, dass die Frau ganz tief in mein Innerstes hineinsprach: „*Ich* bin genug“ – und damit sich selbst meinte. Sie war genug in all den Momenten, in denen ich das Gefühl hatte, nicht auszureichen, und in denen mir dieses Gefühl, nicht zu genügen, den Boden unter den Füßen wegzog. Genau dann gab sie mir Sicherheit und Frieden und spürte ich ganz tief drin:

WENN ICH SIE HATTE, DANN HATTE ICH ALLES. DENN WENN SIE IN MIR WAR, WAR ICH GENUG.

ich bin
genug

Das vierte HAUS

Ich ging heute das erste Mal allein zum nächsten Haus. Es machte mir nichts aus, denn ich erblickte schon von Weitem das faszinierende Gebäude, das ich mir als Nächstes anschauen würde. Es war durch und durch einzigartig und mit Abstand das außergewöhnlichste Haus, das ich je gesehen hatte.

Schillernd, glitzernd und glänzend ragte es vor mir in den Himmel empor. Die Fassade schien alle Farben der Welt zu enthalten, wobei man keine einzelne davon gesondert ausmachen konnte und sie, je nach Blickwinkel, sogar weiß wirkte. Das Haus schien in einem stetigen Wandel zu sein. In einem Augenblick glich es einem antiken Gebäude, im nächsten erinnerte es mich an ein modernes Museum. Ich war verwirrt, doch vor allem spürte ich, dass eine einzigartige Faszination von dem Haus ausging und ich regelrecht in seinen Bann gezogen wurde. Ich wollte unbedingt wissen, was das Innere des Hauses zu bieten hatte, wenn schon sein Äußeres so spektakulär war.

Ich stieg die Treppen hoch zur Eingangstür. Auch die gigantische Tür war in einem Moment prunkvoll und pompös, so, als beträte man gleich ein altes Theater, und im nächsten Moment war es eine monumentale Glastür, die durch Schlichtheit und Eleganz beeindruckte. So etwas hatte ich noch nie gesehen.

Ich betrat das Innere des Gebäudes und wusste nicht, wohin meine Augen zuerst wandern sollten. An der linken Seite der prachtvollen Eingangshalle gingen riesige Räume ab, die wie ein großes Showareal wirkten. Überall hingen Kleider und unzählige Schuhe waren feinsäuberlich aneinandergereiht, während diverse Accessoires auf großen Tischen präsentiert wurden. Es war ein extravagantes Shoppingparadies. Auf der rechten Seite der Halle konnte ich eine Kunstausstellung ausmachen. Auch diese Räume waren hell und groß und die hohen Decken und das besondere Licht ließen die Schönheit der Kunstwerke in voller Fülle erstrahlen.

In der Mitte der Eingangshalle befand sich eine große Marmortreppe, die nach oben führte. Ich konnte nicht erkennen, was sich in den oberen Räumen befand, aber plötzlich erfüllte der Duft von frischem Brot und süßem Gebäck den Raum. Es duftete so wunderbar, dass ich kaum widerstehen konnte.

Ich fühlte mich leicht gestresst aufgrund der Tatsache, dass ich nicht überall gleichzeitig sein konnte. Wo sollte ich bloß zuerst hingehen? Und hatte ich genug Zeit, um mir alles in Ruhe anzuschauen? Was, wenn andere Menschen kämen und ich dieses atemberaubende Haus mit all seinen Schätzen auf einmal teilen müsste?

Nach einigen hektischen Blicken hin und her entschied ich mich, zuerst in den „Modehimmel“ zu gehen. Da würde ich schnell durch sein, ich konnte mir ja wahrscheinlich doch nichts leisten – aber Schauen war trotzdem erlaubt. Und wer weiß, vielleicht gab es ja ein besonderes Stück, das erschwinglich war?

Etwas unbeholfen lief ich in die Halle und schaute mir die vielen Kleider an. Es gab hier wirklich alles: Ich strich über eine Seidenbluse, fühlte einen kuschligen Cashmere-Pullover und bewunderte das Funkeln der mit kleinen Diamanten bestickten Abendkleider. Langsam lief ich an allem vorbei und wägte bei jedem Stück, das mir ins Auge sprang, ab, ob es zu mir passte und vielleicht das eine Stück war, das ich mir leisten wollte.

Irgendwann war ich durch alle drei großen Einkaufsräume gewandelt und hatte mich schließlich für ein fließendes Kleid in einem zarten Roségold entschieden. Der Stoff war leicht und schimmerte zart und passte perfekt zu meinem Typ. Eine junge Verkäuferin trat neben mich und ich zuckte kurz zusammen, da bisher kein anderer Mensch zu sehen gewesen war. „Möchtest du es anprobieren?", fragte sie lächelnd. „O ja, sehr gerne!", erwiderte ich fröhlich. Sie führte mich in eine große Kabine und zog den samtigen Vorhang hinter mir zu. Das Kleid hatte sie auf eine goldene Stange neben einen großen Sessel gehängt. Die Umkleidekabine war so stilvoll eingerichtet, dass ich am liebsten dort eingezogen wäre. Ich zog mich um und trat vor den Spiegel. Ich hatte die richtige Wahl getroffen: Der Schnitt des Kleides kombiniert mit einigen kleinen, aber extravaganten Details machten es perfekt. Das Kleid war wie für mich geschaffen, und ich war trotz des hohen Preises überglücklich, dass ich es gefunden hatte. Das war es!

Die Verkäuferin lächelte und bestätigte mein Gefühl. Ich zog mich wieder um, dann gingen wir gemeinsam zum Tresen, wo sie mir meine wertvolle Errungenschaft sorgfältig verpackte. Dann schaute sie mich verwundert an und fragte: „Ist das alles, was du nimmst?"

„Ja", antwortete ich lächelnd und zückte meinen Geldbeutel. „Weißt du denn gar nicht, dass heute alles stark reduziert ist?" Ich horchte auf. Bestimmt konnte ich mir die Sachen trotzdem nicht leisten ... Der Preis für das Kleid lag schon an meiner Schmerzgrenze. Ich blieb dabei. Das Kleid war genug. Also nickte die Verkäuferin wohlwollend und tippte den Preis in die Kasse ein. Doch als sie mir den zu zahlenden Betrag nannte, traute ich meinen Ohren nicht. Ich fragte noch einmal nach. Konnte es sein, dass ein Kleid aus diesen hochwertigen Materialien wirklich nur noch so wenig kostete?

Sie lachte, als sie mein entgeistertes Gesicht sah: „Ich habe dir doch gesagt, dass heute alles nur einen Bruchteil des Ursprungspreises kostet. Willst du dich also doch noch etwas umschauen? Ich lege das Kleid auch so lange für dich zur Seite", schlug sie mir vor und zwinkerte. Ich nickte nur und drehte mich um. Sofort spürte ich, wie der Stress wieder in mir hochkam. Mit der Reduzierung konnte ich mir locker noch zwanzig solcher Kleider leisten – und ich hatte doch bereits eines der teuersten Kleider ausgesucht! Die neuen Optionen beflügelten mich, doch gleichzeitig kroch ein komisches Gefühl in mir hoch: Ich hatte doch eigentlich nur ein einziges neues Stück kaufen wollen, das etwas Besonders war. Aber ... so eine Chance bekam ich nie wieder, also sollte ich doch zugreifen und das Geld lieber ausgeben, oder? So konnte ich gleich mehrere Outfits kaufen, die mir die bewundernden Blicke anderer sichern würden. Nur zwei oder drei weitere besondere Stücke, dann würde ich weitergehen ...

Um nichts zu verpassen, lief ich also wieder zurück zum ersten der drei Räume. Langsam und mit dem Blick eines Adlers, lief ich an den Kleiderstangen vorbei und wägte ab, ob ich etwas nur schön fand oder ob es wirklich zu mir passte – so wie ich es im zweiten Haus vom Mann in Weiß gelernt hatte. Wo war er überhaupt? Ich hatte ihn hier noch gar nicht gesehen. Merkwürdig ... Ich hatte jedoch keine Zeit mehr, weiter über ihn nachzudenken. Zu viele Entscheidungen gab es hier zu treffen. Die Verkäuferin tauchte wieder auf und brachte mir einen großen Einkaufswagen.

„Was soll ich denn damit?", fragte ich etwas verwirrt. Doch eigentlich war es schon entspannter, die paar Dinge, die ich mittlerweile auf dem Arm trug, einfach in einen Wagen legen zu können, und so nahm ich ihn ihr dankend ab. Ich war erst am Ende des ersten Raumes angekommen und ein Blick in den Einkaufswagen verriet mir: Er war schon bedenklich gefüllt. Mir war das zwar unangenehm, doch die Verkäuferin brachte mir lächelnd einen leeren Wagen und nahm mir den anderen ab. „Ich bring es schon mal zur Kasse, dann kannst du es zu Hause in Ruhe anprobieren?" Und bevor ich ihr widersprechen konnte, war sie weg.

Ich schob mein Gefühl, dass ich zu gierig war, beiseite und ging weiter in den zweiten Raum. Erst jetzt sah ich die vielen Rabattschilder. Sie hingen überall. Ein heißer Schwall durchströmte mich und eine ungeahnte Energie wurde in mir freigesetzt. Das war wie ein Sechser im Lotto! Ein Freifahrtschein. Ich konnte alles haben, was ich wollte. Ja alles, was ich mir je gewünscht hatte, konnte ich einfach kaufen und die Komplimente für mein Outfit waren mir sicher!

Bei der Hälfte des Raumes angekommen, hörte ich plötzlich Stimmen. Ich erstarrte. Im ersten Raum war eine Horde junger Frauen zu sehen, die sich erschreckend schnell durch die Verkaufsständer arbeiteten. Zwei schienen dasselbe Kleid haben zu wollen und fingen an, sich lauthals zu streiten. Sie waren erst im Eingangsbereich des Raumes, kamen jedoch schnell voran. Ihre Einkaufswagen waren schon voll, bevor sie die Mitte des Raumes erreicht hatten. Die junge Verkäuferin kam zu mir und fragte mich, ob sie mir helfen konnte. Dankbar nahm ich ihr Angebot an, denn zu zweit waren wir schneller und sie hatte einen exzellenten Geschmack.

Ich war gerade am letzten Kleiderständer angelangt und wollte mir einen glitzernden Rock greifen, als ich grob zur Seite gestoßen wurde und mir eine andere Frau den Rock direkt vor meiner Nase wegschnappte. Ich spürte, wie mir heiß wurde vor Wut. Ich wollte gerade etwas sagen, da war sie schon mit dem Rock verschwunden. Unverschämt. Als ich schließlich zur Kasse gehen wollte, sah ich auf einem Tisch etwas glänzen. Das musste ich mir noch anschauen! Danach war dann wirklich Schluss. Ich zwängte mich an den mittlerweile unzähligen Frauen vorbei und war gerade an besagtem Tisch angekommen und wollte mir die schicke Schmuckdose greifen, als ich hart in die Seite geboxt wurde. Mir wurde kurz schwindelig vor Schmerz und weil ich seit mehreren Stunden nichts gegessen hatte, aber ich riss mich zusammen. Ich wurde wütend, als ich sah, dass es die Frau von vorhin war, die mir wieder etwas weggeschnappt hatte. Aus dem Augenwinkel bemerkte ich, wie einige Kleider aus ihrem Wagen rutschten und während sie sie hochhob, ergriff ich meine Chance, schnappte die Dose und verschwand in der Menge.

Zum Glück waren die meisten noch eifrig am Einkaufen, als die Kassiererin mich zu sich winkte. Als ich zehn Tüten neben ihr sah, erschrak ich. Das konnten doch nicht alles meine Tüten sein?! Die Kassiererin nannte mir den Gesamtpreis, der um einiges höher war als erwartet. Ich ging die Kleider im Kopf durch, doch ich wollte mich von keinem trennen – ich konnte schließlich immer noch etwas zurückbringen. Alles war toll, und so günstig würde ich die Sachen garantiert nicht mehr bekommen. Also nahm ich alles.

Aber wie um alles in der Welt sollte ich nun alle Tüten nach Hause bekommen? Ich konnte nichts später abholen, denn ich hatte Angst, dass mir sonst doch noch jemand etwas wegschnappen könnte. Ich schwitzte und mir wurde schwindelig. Das wäre ja lächerlich, wenn ich die Sachen nicht nach Hause gebracht bekäme! Aus dem Augenwinkel sah ich, wie eine Hand meine Tüten greifen wollte. Wie eine Furie schoss ich herum und schrie die Frau neben mir an, was ihr einfiele, meine Sachen klauen zu wollen, und ob sie denn jeglichen Anstand zu Hause gelassen hätte. Sie blickte mich freundlich an und entgegnete ruhig: „Kann ich dir helfen? Ich habe nicht so viel gekauft und hätte noch eine Hand frei. Ich dachte, bevor hier das Chaos ausbricht und du vor lauter Menschen deine Tüten nicht mehr siehst, helfe ich dir." Ich lief rot an und entschuldigte mich kleinlaut. Noch beschämter war ich, als ich ihre kleine Tüte sah.

Schweigend brachten wir die Tüten zu mir. Auf dem Weg zurück zu dem prunkvollen Haus bemerkte ich, wie verkrampft ich war. Als die Frau mich nach meinen neuen Sachen fragte, verkrampfte ich mich noch mehr. Es war mir unangenehm, über die maßlos vielen Dinge zu sprechen, die ich in meinem Shoppingwahn eingekauft hatte. Ich merkte, wie ich anfing, mich für die meisten neuen Kleider, Schuhe und Accessoires vor ihr zu rechtfertigen. Die Frau schien mich allerdings überhaupt nicht zu verurteilen, im Gegenteil. Doch je mehr sie mich fragte, was ich an den Kleidern denn so mochte und ob ich mich über sie freute, desto unangenehmer wurde es mir, denn ich realisierte, dass mir selbst kaum noch einfiel, was alles in meinen Tüten war. Und obwohl wir die Einkäufe schon zu Hause abgeladen hatten, war es, als ob sie immer noch zentnerschwer auf mir lasteten. Die Freude daran war mir vergangen. Das einzige Stück, das meine Miene zum Aufhellen brachte, war das Kleid, das ich als erstes ausgesucht hatte. Wie konnte das sein? Ich hatte gerade alles gekauft, was mein Herz begehrt hatte, doch anstatt mich zu freuen, wurde ich davon beinahe erdrückt.

Im Gegensatz zu mir schien sich die Frau neben mir so sehr über ihre eine neue Bluse zu freuen, dass es schon beinahe unnatürlich wirkte. Sie schwärmte regelrecht von ihr. Ich belächelte sie anfangs dafür, doch je länger wir uns unterhielten, desto mehr bewunderte ich ihre Haltung: Sie empfand mehr Freude an einem Stück als ich an allem, was ich hatte. Ja, ihre ganze Euphorie schien ein einziges Stück ausgelöst zu haben, während ich alles besaß und nicht glücklich darüber war.

Betroffen fragte ich sie leise, wie sie das machte.

„NICHT DIE MASSE MACHT AUS, WIE SEHR MAN SICH ÜBER ETWAS FREUT – IN WELCHEM MASS MAN SICH ÜBER EINE SACHE FREUEN KANN, IST ENTSCHEIDEND.

Wäre jedes einzelne Kleidungsstück, das du dir gekauft hast, perfekt für dich, dann könntest du dich auch genauso darüber freuen. Dabei spielt es keine Rolle, ob es eine Sache ist oder mehrere sind, aber die Dinge, die diese Freude nicht bei dir auslösen, verdecken die wahre Freude über die Dinge, die perfekt für dich sind, regelrecht. Ich glaube, viele verwechseln das miteinander. Gier bewirkt, dass man denkt, immer noch mehr zu brauchen, um glücklicher zu sein. Was man hat, reicht nicht mehr, und was man erreicht, ist nie genug. Und so verschwindet das, was einem wirklich Freude bereitet, im Wunsch nach Mehr und in der Masse der Dinge, die uns nicht glücklich machen."

Das machte meine Lage nicht gerade angenehmer, aber sie hatte recht: Die vielen Kleider, Schuhe und Accessoires überfrachteten das eine Stück, das mir wirklich gefiel, so sehr, dass es gar nicht mehr zur Geltung kam. Die Überforderung mit der Masse an neuen Kleidungsstücken trübte sogar die Freude daran, und ich kam mir lächerlich vor.

Weiter fuhr sie fort: „Die eigene Zufriedenheit und das Selbstwertgefühl werden an scheinbar wertvolle Dinge geknüpft, doch diese halten den Erwartungen nicht lange stand, denn sie verblassen und mit ihnen der vermeintliche Wert, die Schönheit und der Frieden. Zurück bleibt eine bittere Enttäuschung."

Obwohl ich unzählige teure Stücke gekauft hatte, die mich gut kleiden konnten und von denen ich erwartet hatte, dass ich mich durch sie schöner und zufriedener fühlen würde, ja, dass sie mich vielleicht sogar wertvoller machten, hingen nun trostlos in meinem Schrank und hatten ihre vielversprechende Wirkung verloren – ganz im Gegenteil: Ich fühlte mich geradezu wertlos.

„Aber wie hast du das eine perfekte Stück für dich gefunden und konntest nur mit dieser einen Sache gehen, obwohl es noch so viele tolle andere Sachen gab?", fragte ich sie leise weiter.

„Oh, der Mann in Weiß hat mir viel geholfen. Er ist der beste Berater, wenn man ihn nur lässt ..."

„Der Mann in Weiß war da?", fragte ich erstaunt und etwas traurig. Ich hatte ihn dort nirgendwo gesehen – und auch nicht erwartet. Aber wenn ich ehrlich war, war ich viel zu beschäftigt gewesen, um ihn zu bemerken.

MEHR ZU HABEN GAUKELT UNS VOR,
AUCH ERFÜLLTER ZU SEIN, DOCH DIE FRAGE IST,
WOMIT WIR UNS FÜLLEN WOLLEN UND WAS

unseren

WERT

DEFINIERT.

„Am Anfang war es genauso schwer für mich, an all den Sachen vorbeizugehen. Mein Glück schien in Relation dazu zu stehen, wie viel ich kaufte, also habe ich immer mehr gekauft als nötig und war hinterher enttäuscht, wenn der gewünschte Effekt nur für eine kurze Zeit anhielt. Die Wahrheit ist, dass mehr zu haben keinen Mehrwert hat, sondern weniger oft mehr Wert für uns hat. Mehr zu haben gaukelt uns vor, auch erfüllter zu sein, doch die Frage ist, womit wir uns füllen wollen und was unseren Wert definiert.

Was uns täuscht, kostet uns viel Kraft, und das Gefühl, nie genug zu haben, treibt uns an und raubt uns viel Zeit, weil wir permanent etwas dagegen unternehmen wollen. Deshalb kommt der Mann in Weiß oft mit und findet immer das Richtige für mich – so habe ich mehr Zeit und Kraft für andere Dinge."

Sie schien vor Energie und Freude nur so zu sprühen, während ich mich trotz der Masse an schönen Dingen, die ich nun besaß, völlig erschöpft, leer und ausgelaugt fühlte. Ich wusste, dass es hier nicht nur um Kleidung ging. Es gab so vieles, was einem kurzzeitig das Gefühl geben konnte, besser, schöner und erfüllter zu sein. Doch der Schein trügt und zurück blieb die Enttäuschung. Und die Suche nach dem nächsten Objekt der Begierde, was das große Loch in einem stopfen sollte, fing von vorne an.

Schweigend gingen wir die letzten Schritte zurück zu dem prachtvollen Haus. Meine Begleiterin winkte mir fröhlich zum Abschied, als ich langsam die Treppenstufen hochging. Ich wollte mir nun ganz entspannt die Ausstellung in der rechten Seite des Hauses anschauen und danach sehen, was sich im oberen Stockwerk noch verbarg. Kaum betrat ich das Haus, spürte ich wieder diese ungewöhnliche Anziehungskraft. Beim Blick in die Modehalle ertappte ich mich bei dem Gedanken, noch einmal hineinzugehen. Ein beinahe unkontrollierbares Verlangen nach Mehr stieg in mir hoch. Vielleicht hatte ich in der Zwischenzeit ja etwas verpasst.

Ein lauter Streit zwischen zwei Frauen ließ mich erschaudern und wieder klar denken. Wie um alles in der Welt konnte ich immer noch das Gefühl haben, dass die Sachen nicht ausreichten, die ich besaß? Vehement drehte ich mich nach rechts und betrat die Ausstellung.

Ich schlenderte entspannt an den Bildern vorbei, genoss die Kunst und ließ sie auf meine Seele wirken. Viele Bilder bestaunte ich für eine Weile, an anderen schlenderte ich nur vorbei. Ich wollte gerade die Ausstellung verlassen, da sah ich eine Ansammlung von Menschen vor einem Bild. Sie schienen wild über das Kunstwerk zu diskutieren. Als ich näher kam, hörte ich, wie sie in den höchsten Tönen von der Künstlerin und ihrem Bild schwärmten. Es schien eine zweite Mona Lisa an der Wand zu hängen, so wie sie sich aufführten. Ich war neugierig und wollte das Kunstwerk nun ebenfalls begutachten.

Als ich mich endlich zwischen den ganzen Menschen zu dem Bild vorgedrängt hatte, war ich enttäuscht: Es war das schlichte Portrait einer jungen Frau. Es war schön – ohne Frage –, aber war es die Ansammlung der ganzen Kritiker wert? Was genau war so außergewöhnlich an dem Bild? Ich war irritiert und genervt. Mein Blick schweifte unruhig über die Ausstellung. Gerade wollte ich laut in die Menge fragen, was genau denn so toll an diesem Portrait sein sollte, als mein Blick auf einer mir sehr bekannten Fotografie hängen blieb: Es war ein Selbstportrait von mir. Ich stellte fest, dass es dem viel gelobten Bild gar nicht so unähnlich war. Umso wütender wurde ich, als ich sah, wie die andere Künstlerin interviewt und fotografiert wurde, während man mir und meinem Werk keine Beachtung schenkte. Was machte ihr Bild besser? Die Frage wurmte mich.

Ich erinnerte mich, dass ich zu dem Zeitpunkt, als mein Selbstportrait entstand, am Boden zerstört gewesen war. Die Schicksalsschläge hatten mich überrollt, und der Schmerz darüber war deutlich in meinen Augen zu sehen. Doch ich hatte losgelassen und für einen Moment zugelassen, einfach so zu sein, wie ich mich gerade fühlte: zerbrochen, verletzlich und dennoch stark. Ich spürte, wie meine Seele sich kurzzeitig beruhigte und wie mir bei der Erinnerung die Tränen hochkamen. Ich war so tief in meinen Gedanken versunken, dass ich erst gar nicht merkte, wie mir die junge Frau, die mir mit meinen Taschen geholfen hatte, stillschweigend ein Taschentuch reichte. Dankend nahm ich es an. Eine Weile blieben wir schweigend nebeneinander stehen und betrachteten das Portrait. Ich hatte das Gefühl, dass sie mich ohne Worte verstand.

Irgendwann fingen wir an, uns über das Portrait, meine Intention hinter dem Kunstwerk und meine anderen Projekte zu unterhalten. Sie wirkte sehr interessiert und belesen, was Kunst und den Kunstmarkt anging. Lautes Gelächter ließ mich das gute Gespräch mit ihr abrupt abbrechen. Die Künstlerin des anderen Bildes schien die versammelte Mannschaft auch noch bestens zu unterhalten. Das Verlangen nach mehr Beachtung und ein Kampfgeist, den ich so von mir noch nicht kannte, wurden in mir geweckt. Ich wollte, dass mehr Leute meine Kunst betrachteten, sie toll fanden und bewunderten. Man musste nur die richtigen Leute überzeugen, dann würde das schon funktionieren, dachte ich mir. Und siehe da, einige der Kritiker kamen tatsächlich zu meinem Portrait herüber und unterhielten sich dann mit der jungen Frau. Ich sah, wie sie interessiert zuhörten, als sie Teile unseres Gesprächs wiederholte. Nach und nach kamen immer mehr Menschen und bestaunten mein Portrait.

Ich hörte, wie jemand nach mir fragte – und da wurde auch schon das erste Foto von mir gemacht. Die Kritiker und Journalisten bombardierten mich mit Fragen und überschütteten mich mit Komplimenten. Es fühlte sich wunderbar an, im Mittelpunkt zu stehen und das erreicht zu haben, was ich mir sehnlichst gewünscht hatte. Endlich fand meine Kunst die Anerkennung, die sie verdient hatte. Ich fing an zu erzählen, was mich bewegt hatte bei dem Bild, und für ein paar Minuten hörte die Menge zu, doch dann wurde eine belanglose Frage nach der anderen gestellt.

Ich war irritiert. Doch solange sie Interesse an mir hatten, war es doch fast egal, was sie fragten, oder? Meine Kunst und somit meine Seele wurde gesehen und geschätzt. Das war das Wichtigste.

Doch so schnell die Erfolgswelle gekommen war, so schnell wandten sich die Menschen auch wieder von mir und meinem Kunstwerk ab und suchten ein neues Objekt der Begierde. Nur noch eine kleine Schar von Menschen stand vor dem Portrait, unter ihnen auch die junge Frau. Ich konnte sehen, wie berührt und fasziniert sie von dem Bild waren.

„Denkst du, ein Bild wird besser, nur weil andere es loben? Glaubst du, je mehr Menschen das Bild mögen, desto schöner ist es?“, fragte mich die junge Frau leise. Ihre Worte trafen ins Schwarze und überführten mich.

Obwohl ich das Bild ursprünglich für mich selbst gemacht hatte, um meiner verletzten Seele Raum zu geben, Dinge zu verarbeiten und wieder atmen zu können, überschatteten nun die endlich erlangte Anerkennung und der Erfolg den eigentlichen Sinn des Bildes.

Ich wollte, dass alle es liebten, darüber schrieben und sprachen. Ob sie es wirklich verstanden, ob es sie berührte, ob sie erkannten, worum es eigentlich ging, war in den Hintergrund gerückt und hatte dem Drang, gesehen zu werden, Platz gemacht.

Nun, da der Aufschwung wieder vorbei war, machte sich eine große Leere in mir breit. Ich musste härter arbeiten, mehr geben, um mehr zu erreichen. Mehr erschaffen. Mehr gesehen werden.

„Haben sie dich wirklich gesehen?“, fragte eine mir bekannte Stimme. Der Mann mit dem silbergrauen Haar stand plötzlich neben mir und betrachtete das Portrait mit einem Blick tiefster Anteilnahme. Ihn hatte ich hier nicht erwartet. In mir brodelte es. Das war ja klar. Er war wie ein Vater zu mir und jetzt hatte er Mitleid, aber steckte gleichzeitig den Finger in die Wunde. Endlich wurde ich gesehen, meine Kunst fand Anklang, aber er hatte keine Ahnung. Keine Ahnung von Kunst. Und überhaupt.

Doch was, wenn er recht hatte? Alles in mir sträubte sich dagegen, doch der Gedanke ließ mich nicht los.

„Erfolg zu haben heißt, dass andere dir folgen. Das kann berauschend sein und einen darin bestärken, wer man ist. Aber ist es nicht viel wichtiger zu wissen, weshalb und wohin sie dir folgen, als nur zu wissen, *dass* sie dir folgen? Und gehst du deinen Weg unabhängig davon, ob und wer dir folgt, oder ist die Anerkennung der Menschen ausschlaggebend für die Richtung deines Weges?“, sprach er weiter.

Und so schwer es mir auch fiel, fragte ich mich schließlich, ob die ganzen Kritiker und Journalisten überhaupt gelesen hatten, worum es bei dem Portrait ging. Außer der jungen Frau hatten alle schließlich nur sehr oberflächliche Fragen gestellt und sich nicht wirklich für mich interessiert. Niemand hatte Tränen in den Augen oder mich gefragt, wie es mir denn in dem Moment ging. Hatten sie mich überhaupt gesehen?

„ANSEHEN ZU HABEN BEDEUTET ZWAR, VON VIELEN ANGESEHEN ZU WERDEN, ABER NICHT, DASS SIE SEHEN, WER DU WIRKLICH BIST.

Nur weil sie dein Bild mochten, heißt das nicht, dass sie es verstanden haben. Aber ist es nicht das, was du dir wünschst? Gesehen zu werden? Erkannt zu werden, weil andere erkennen, was dich bewegt und was du durchgemacht hast? Ist es nicht dein tiefster Wunsch, gesehen, verstanden und geliebt zu werden – dich zu zeigen und nicht nur Kunst zu präsentieren?“

Es war, als würde die Erde um mich herum und alles in mir anfangen zu beben. Seine Worte, die liebevoll und doch so bestimmt waren, trafen mein Innerstes. Etwas tief in mir schmerzte und ich spürte, dass seine Worte etwas aufgebrochen hatten, was ich lange Zeit zugeschüttet hatte. Einen Schmerz, den ich versucht hatte, zu verstecken, zu vergraben und zu vergessen: Was, wenn ich nicht gesehen, verstanden und geliebt werde, so wie ich bin?

Das Portrait war so wichtig für mich. Es zeigte meinen Weg, meinen Schmerz und meine Hoffnung. Wenn ich das Portrait betrachtete, sah ich, was ich geschafft hatte – trotz der Gebrochenheit. Ich sah Stärke, Schönheit und Schmerz. Alles fand seinen Platz in diesem einen Bild. Ich hatte das Bild für mich gemacht, um mich daran zu erinnern, durch welche Täler ich schon gegangen war. Aber ich hatte das Bild auch für Menschen gemacht, die vielleicht noch mitten im Tal feststeckten und Mut brauchten, um weiterzugehen. Es zeigte Stärke im Schmerz, Hoffnung in der Trauer, Schönheit im Zerbrochenen.

Es zeigte mich.

Es war also nicht wichtig, ob Menschen darüber sprachen oder nicht. Die Intention, die Geschichte, der Weg zum Portrait waren unveränderlich und vollkommen unabhängig von der Meinung und Beachtung anderer Menschen. Das Bild wurde nicht schöner, nur weil andere Leute es schön fanden, und es wurde auch nicht wertvoller, nur weil viele Menschen darüber berichteten. Es gewann nicht an Wert durch die lobenden Worte von anderen, und es würde genauso wertvoll bleiben, selbst wenn niemand ihm Beachtung schenken würde.

Manche Betrachter erkannten mich, verstanden einen Bruchteil von dem, was in dem Bild verborgen lag. Sahen einen Hauch von dem, was ich gesehen, erlebt und gespürt hatte, als das Portrait entstand, aber niemand konnte mich ganz sehen und verstehen. Manche betrachteten mich und erkannten dabei sich selbst. Die, die sich auf das Bild einließen, ließen zu, dass es etwas mit ihnen machte – doch was, das lag nicht in meiner Hand, und es ging dabei auch gar nicht um mich. So, wie das Bild an der Wand hing, den Menschen zugänglich, so konnten sie mich anschauen, doch eigentlich blickten sie in ihre eigene Seele, in ihren eigenen Schmerz, in ihre eigenen Tiefen. Und ich musste loslassen – und zulassen, dass es nicht um mich ging. Dass, wenn mein Bild sprechen sollte, es so sprach, wie der Betrachter es verstehen konnte, und dass es das in ihm berührte und bewegte, was er zuließ. Und dass alles, was darin steckte, genauso gut abprallen, unerkannt bleiben und für gewöhnlich bezeichnet werden konnte ...

„Spielt es eine Rolle, ob dein Portrait für manche gewöhnlich erscheint oder nicht?", fragte mich der Mann mit dem silbergrauen Haar weiter. Ich hatte nicht bemerkt, dass er immer noch neben mir stand. Ich war abgetaucht in die Tiefe meiner Seele, in einen Schmerz, der sich aufgetan hatte.

„Ich weiß es nicht", antwortete ich leise. War es nicht das, worum es in der Kunst ging? Und im Leben? Etwas Großartiges zu erschaffen? Etwas Weltbewegendes? Ging es nicht genau um dieses Streben nach mehr, nach etwas Inspirierenderem und Außergewöhnlicherem, sein Inneres zu sichtbarer Kunst zu verwandeln und so die Menschheit zu berühren?

„Komm, ich will dir etwas zeigen", sagte der Mann mit dem silbergrauen Haar schließlich und nahm behutsam meine Hand.

Wir gingen nach draußen und spazierten schweigend nebeneinanderher. Erst schlenderten wir durch eine öde Landschaft, ähnlich einer Wüste. Hier war kaum Leben zu erkennen und alles wirkte so trostlos wie ich mich in meinem Inneren gerade fühlte. Doch dann überquerten wir einen kleinen Bach. Und dieser Bach wurde zu einem kleinen Fluss, aus dem immer wieder ein Fisch hochsprang. Je breiter der Fluss wurde, desto mehr Fische konnte ich in dessen klarem Wasser erkennen. Es waren ganze Schwärme in allen möglichen Farben.

Wir gingen ein Stück den Flusslauf entlang. Vögel zwitscherten und Schmetterlinge tanzten um uns herum. Bäume, Sträucher und Blumen wuchsen plötzlich aus dem Boden, so weit mein Auge reichte. Ich sah die unglaublichsten und faszinierendsten Blüten und Pflanzen. Ich wusste gar nicht, wohin ich zuerst schauen sollte vor lauter überwältigender Schönheit, die mich überall umgab. Da huschte ein Kaninchen an mir vorbei, und auf einem Baum versuchten zwei Eichhörnchen, sich gegenseitig zu jagen. Ein paar Rehe grasten friedlich am Waldrand. Ich war völlig überwältigt von dieser Idylle, wohin ich auch schaute. Mein Herz saugte alles auf und sprudelte über. Ich spürte, dass ich so inspiriert war, dass ich selbst etwas erschaffen wollte.

Wir setzten uns in den Schatten einer großen Eiche. Neben uns plätscherte der Fluss, die Vögel trällerten ihr schönstes Lied und ein sanfter Wind trug den angenehmen Duft der Blumen zu uns herüber. Schweigend schauten wir eine Weile dem herrlichen Naturschauspiel zu, bevor der Mann mit dem silbergrauen Haar das Wort ergriff.

„Schön, nicht wahr?", fragte er freudig und wehmütig zugleich. „Ja, wunderschön, bewegend und inspirierend!", schoss es nur so aus mir heraus.

„Und trotzdem ist es nicht alles", fuhr er fort.

Ich verstand nicht, was er meinte. *Nicht alles?* Es war alles wunderschön. Atemberaubend. Perfekt. Der Himmel auf Erden.

„Es liegt am Anfang verborgen", sprach er leise. Seine Rätsel machten diesen paradiesischen Moment irgendwie ein bisschen kaputt.

Am Anfang? Was meinte er?

Am Anfang.

Es war, als würden Schuppen von meinen Augen fallen:

„Am Anfang schuf Gott Himmel und Erde" (1. Mose 1,1).

ER WAR ES. ER HATTE ALLES GESCHAFFEN.

Alles.

Alles, was die Seele berühren und die Inspiration beflügeln konnte. Und ich hatte gedacht, er würde nicht verstehen, wovon ich spreche, er hätte keine Ahnung von Kunst, dabei war er es doch, der alles geschaffen hatte.

DIE HÖCHSTE KUNST.
ATEMBERAUBEND.
AUSSERGEWÖHNLICH.
WELTBEWEGEND.

Beim letzten Wort musste ich lachen und ich sah, wie auch der Mann mit dem silbergrauen Haar sichtlich amüsiert in die Weite blickte.

Alles, was nach seinem riesigen Gesamtkunstwerk erschaffen worden war, war nur eine Kopie, eine Nachbildung seiner hohen Kunst. *Er* war und ist es, der Himmel und Erde zusammenhielt. Aber warum sagte er dann, dass es trotzdem nicht alles war?

Er hatte die Erde geformt. Das Universum gebildet. Die Bäume und Blumen zum Wachsen und Aufblühen gebracht. Er hatte die Vögel am Firmament ausgesetzt und die Fische im Meer. Er hatte einzigartige Tiere und überwältigende Landschaften kreiert. Er hatte Eden – den vollkommensten Ort des gesamten Universums – erschaffen.

AM ANFANG SCHUF GOTT
HIMMEL
und Erde

Was wollte er denn noch?

Mein Blick wanderte über die Wiesen, den Fluss, die Wälder und Blumen. Ich hörte die Vögel zwitschern. Ich sah die Tiere grasen. Ein Hauch von Wehmut überkam mich und ein Schmerz tief im Inneren machte sich erneut bemerkbar. Ich wusste nicht, warum, aber es war dasselbe Gefühl wie in dem Moment, als ich erkannt hatte, dass die Menschen, die mein Portrait betrachtet hatten, eigentlich gar nicht verstanden hatten, worum es ging. Sie hatten nicht verstanden, was meine Intention hinter alldem gewesen war. Warum ich das Portrait erschaffen hatte. Sie hatten nicht erkannt, wie viel Schmerz – aber auch wie viel Schönheit – darin verborgen lag. Sie sahen das Kunstwerk, doch sie konnten es nicht verstehen, geschweige denn die Künstlerin dahinter erkennen.

Ich wollte den Mann mit den silbergrauen Haaren gerade fragen, was ihm noch fehlte, doch bevor ich meinen Mund aufmachen konnte, verlor ich mich in seinem Blick. In diesem Blick reinster Liebe.

LIEBE.

Es war die Liebe. Seine Intention, seine Absicht, sein Beweggrund war Liebe. Alles war aus Liebe geschaffen. Und wir selbst waren geschaffen, um zu lieben und geliebt zu werden.

ALLE ERSCHAFFENE SCHÖNHEIT, ALLER RUHM UND ERFOLG DIESER WELT SIND NICHTS WERT, WENN MAN NIEMANDEN HAT, DER EINEN LIEBT UND MIT DEM MAN ALL DAS TEILEN KANN. DER EINEN SIEHT, VERSTEHT UND ANNIMMT – GENAU WIE MAN IST.

Die Antwort auf meine Fragen lag im Anfang der Schöpfung verborgen, aber auch im Anfang unseres Gesprächs. Und sie hatte ganz viel zu tun mit meinem größten Wunsch und meinem tiefen Schmerz ...

Und doch war es uns Menschen nur bruchstückhaft möglich, das zu schaffen. Deshalb tat es auch so weh: Weil nie jemand vollständig erkennen und verstehen würde, wer ich wirklich bin, und ich folglich auch nie wirklich dafür geliebt werden könnte, wie ich wirklich bin.

Da erschienen zwei Bibelverse in meinen Kopf: *„Himmel und Erde werden vergehen; meine Worte aber haben für immer Bestand“ (Matthäus 24,35).*

„Jetzt sehen wir nur ein undeutliches Bild wie in einem trüben Spiegel. Einmal aber werden wir Gott von Angesicht zu Angesicht sehen. Jetzt erkenne ich nur Bruchstücke, doch einmal werde ich alles klar erkennen, so deutlich, wie Gott mich jetzt schon kennt. Was bleibt, sind Glaube, Hoffnung und Liebe. Von diesen dreien aber ist die Liebe das Größte“ (1. Korinther 13, 12–13).

Und ich begriff, dass mein Schmerz darüber, nicht gesehen, verstanden und geliebt zu werden, auch *sein* Schmerz war. Sein Beweggrund, die Welt und den Menschen zu schaffen, war, zu lieben und geliebt zu werden. Und sein größtes Kunstwerk, die Erde, war nicht genug, wenn wir Menschen nicht sehen, spüren und verstehen können, dass er alles aus Liebe zu uns erschaffen hatte.

Ich sah mich um, und Tränen liefen wie kleine Wasserbäche über mein Gesicht. Jeder Baum, jeder Vogel, ja sogar der Duft der Blumen schien zu sagen: „Ich liebe dich."

Durch meine verweinten Augen blickte ich ihn an. Auch er hatte Tränen in den Augen und dennoch war sein Blick so voller Liebe wie zuvor. Und in seinem Blick konnte ich sehen, dass er mich sah, dass er mich durch und durch kannte – und mich liebte, so wie ich war.

Bis zu diesem Moment hatte ich nicht begriffen, warum es mir so wichtig war, dass jemand meine Kunst auch wirklich verstand. Und warum es mich so berührte und faszinierte, wenn jemand die gleichen Worte wie jene, die in meinem Kopf waren, benutzte, um sie zu beschreiben. Warum es mir so viel bedeutete, wenn meine Kunst aus tiefstem Herzen gesehen und verstanden wurde. Und weshalb Erfolg und Ruhm mir so erstrebenswert erschienen waren.

Tief in mir fing etwas an zu heilen. Der Schmerz, nicht gesehen, nicht erkannt und nicht geliebt zu werden, klang ab und wurde von einer tiefen Ergriffenheit abgelöst.

ER SAH MICH.
ER KANNTE MICH.
ER LIEBTE MICH.
SO WIE ICH WAR.

Ich war nach diesem Erlebnis lange nicht mehr bei dem schillernden Haus gewesen, obwohl ich das Obergeschoss noch nicht besucht hatte. Aber irgendwie hatte das Haus seine faszinierende Anziehungskraft verloren und es gab nichts, was mich noch dorthin lockte.

ER

SIEHT
KENNT
LIEBT

mich

Ich machte gerade einen Spaziergang durch den Garten, als ein unwiderstehlicher Duft von frischem Gebäck meine volle Aufmerksamkeit auf sich zog. Ohne es zu merken, folgte ich dem Duft bis zu dem prachtvollen Haus, das ich eigentlich nicht mehr betreten wollte. Ein mulmiges Gefühl kam in mir hoch. Das Haus hatte nicht unbedingt die besten Seiten in mir hervorgeholt. Ganz im Gegenteil: Es hatte ein Gefühl von Unzufriedenheit, eine innere Leere und ein unersättliches Bedürfnis nach „mehr" in mir zum Vorschein gebracht.

Ich wollte mich gerade wieder entfernen, als die Haustür plötzlich aufging und der köstliche Duft mich wie von Geisterhand ins Innere des Hauses zog. Ehe ich mich versah, folgte ich dem verführerischen Duft und ging, ihm folgend, die große Marmortreppe hoch.

Oben angekommen, war ich erstaunt darüber, dass ich nicht, wie ich erwartet hatte, eine gigantische Bäckerei betrat, sondern stattdessen in einer gemütlichen Küche stand. Der unglaubliche Duft kam offensichtlich von dem Brot aus dem Ofen. Auf einem großen, runden Holztisch standen zwei mit Blümchen verzierte Porzellanteller, Butter und selbst gemachte Marmeladen bereit. Der Duft, der sich vom Ofen aus im ganzen Raum ausbreitete, löste unmittelbar eine ganze Reihe von unterschiedlichen Gefühlen und Gedanken in mir aus: Ich fühlte mich plötzlich angekommen und sicher. Hier schien die Welt noch in Ordnung, und ich spürte, wie sehr ich mich danach sehnte, an einem Ort zu sein, wo tatsächlich noch alles gut war. Als kleines Mädchen hatte es keinen Zweifel daran gegeben, dass dieser Ort „Zuhause" war, doch inzwischen hatte ich erlebt, dass auch am schönsten Zuhause Schmerz und Leid nicht einfach vorüberzogen. Unser Umzug kürzlich in eine traumhafte Wohnung hatte die Hoffnung in mir geschürt, dass dort alles gut werden und der Schmerz nicht mit umziehen würde, doch die Schwere und die inneren Stürme schienen mit der ersten Umzugskiste mit eingezogen zu sein ...

Der Duft des Brotes holte mich aus meinen schweren Gedanken zurück.

Eine Eieruhr klingelte und aus der Zimmertür zu meiner Linken kam eine ältere Frau, holte den Laib Brot aus dem Ofen und legte ihn auf den Tisch. Freundlich und mit beinahe großmütterlicher Güte begrüßte sie mich, und, als wäre es das Normalste der Welt, deutete sie auf den leeren Stuhl am Tisch und lud mich ein, Platz zu nehmen. Ich setzte mich. Dann schnitt sie einige dicke Scheiben ab, und der warme Dampf, der aus dem Brot quoll, trieb mir beinahe wieder Tränen in die Augen. Ich bestrich meine erste Scheibe Brot nur mit Butter und biss hinein. Es schmeckte einfach himmlisch, und ich fühlte mich wie ein kleines Kind, das gerade vom Spielen nach Hause gekommen war und die Schwere des Lebens noch nicht kannte. Der Genuss dieses einfachen Stück Brotes löste ein Gefühl der Sicherheit und Geborgenheit in mir aus, und ich wollte mir dieses Gefühl unbedingt bewahren. Also aß ich noch eine zweite und eine dritte Scheibe. Ich wollte hier nicht mehr weg. Ich wollte an diesem Ort bleiben und mehr von diesem köstlichen Brot essen, das scheinbar auch meine Seele für einen Moment satt machte und zur Ruhe kommen ließ.

Die Frau lächelte. Obwohl ich schon mehr als genug gegessen hatte, hätte ich zu gern noch ein weiteres Stück gegessen. Ich wusste nicht, ob das körperliche Verlangen nach diesem leckeren Brot oder der seelische Hunger nach Geborgenheit größer war, doch schließlich verzichtete ich schweren Herzens. Und der Schmerz über mein Leben, dem ich für kurze Zeit durch jeden weiteren Bissen in das duftende Gebäck entkommen war, fühlte sich wie ein Messerstich an, als er nun wieder zurückkam.

Die Frau stand auf, verabschiedete sich und verließ die Küche. Mit dem Finger pickte ich die letzten Krümel auf, in der Hoffnung, sie würden das angenehme Gefühl in mir ein bisschen länger erhalten. Da stieß ein Windstoß die zweite Tür des Zimmers auf, und eine angenehme frische Luft erfüllte die Küche. Der Wind blies alle schweren Gedanken weg und brachte eine neue Leichtigkeit mit sich.

Ich war neugierig, woher der Wind kommen mochte, und ging durch die offene Tür. Ich staunte nicht schlecht, als ich auf einer traumhaften Dachterrasse landete. Überall waren Beete aufgebaut, in denen Obst und Gemüse angepflanzt worden war. Die Tomaten und Auberginen, Salatköpfe und Zucchini hatten so eine intensive Farbe und sahen so perfekt aus, dass ich erst dachte, sie wären nicht echt.

Da kam ein älterer Mann mit einer schwarzen Gärtnerschürze auf mich zu. Obwohl seine Hände noch voller Erde waren, zeigte sein schickes Hemd und sein gepflegtes Haar, dass er großen Wert auf Ästhetik legte – und sich trotzdem nicht zu schade war, anzupacken. Die Terrasse war atemberaubend schön gestaltet. Die Beete waren in einem großen U angeordnet, in dessen Mitte ein großer, weiß strahlender Sonnenschirm stand. Ein heller Tisch und bequeme Korbstühle mit gemütlichen, weißen Kissen, die darunter standen, rundeten das Bild ab. Weiter hinten auf der großzügigen Terrasse standen stylische Loungemöbel im Schatten von großen Weinreben, die an langen Holzbalken hochwuchsen. Entlang des gesamten Terrassengeländers waren in kleine und große Töpfe prächtige Blumen in allen Farben gepflanzt.

Der ganze Anblick hatte etwas Wildes, aber vermittelte gleichzeitig Eleganz und Ordnung. Es war absolut traumhaft.

Der Mann lächelte mich freundlich an und fragte, ob ich mit ihm eine selbst gemachte Beerenlimonade trinken wollte, die er gerade zubereitet hatte. Als ich sie auf dem Tischchen zwischen den Loungemöbeln stehen sah, konnte ich nicht nein sagen. Sie sah so erfrischend und leicht aus. Ich setzte mich, während er seine Hände wusch und seine dreckige Schürze auszog. Als er zurückkam, schenkte er mir ein großes Glas ein und reichte es mir herüber. Ich nahm einen großen Schluck von der Limonade und sie schmeckte einfach himmlisch. Süß durch die Beeren, etwas säuerlich durch die Zitrone – und herrlich erfrischend. Genau wie ich es mochte. Ein leichter Wind wehte über die Terrasse und alle Schwere war wie weggeblasen. So sollte sich das Leben immer anfühlen. Leicht und süß. Entspannt und frei.

Wir führten wunderbare Gespräche über die Natur, das Leben und die ganze Welt, und ich mochte seine Ansichten dazu. Man konnte dem Gärtner ansehen, dass sein Leben nicht immer nur einfach gewesen war, dennoch versprühte er so viel Ruhe, Leichtigkeit und Gelassenheit. Das faszinierte mich.

Nach einer Weile fragte er mich, ob wir zusammen noch einen Salat essen wollten. Das klang wundervoll, und in dieser Umgebung hätte ich nichts anderes lieber essen wollen. Ich fühlte mich fast wie ein Kind im Süßwarenladen, als ich von Beet zu Beet ging und mir aussuchen konnte, welches Gemüse, welche Beeren und Kräuter ich gern in meinem Salat haben wollte. Ich schlenderte weiter über die Terrasse, während der Mann begann, mir meinen Salat zuzubereiten. Ich fühlte mich so unbeschwert, entspannt und beschenkt wie lange nicht mehr, und ich staunte nicht schlecht, als der Mann nach kurzer Zeit mit dem farbenfrohsten und knackigsten Salat zurückkam, den ich je gesehen hatte.

Wir setzten uns unter den großen Sonnenschirm an den Tisch. Nicht nur das frische Gemüse, auch die Beeren, Nüsse und Kräuter, die er verwendet hatte, passten einfach perfekt zueinander. Es war, als unterstützten sich alle Zutaten gegenseitig im Geschmack.

Ich genoss meinen Salat, atmete die frische Luft ein und fühlte mich wie auf einer Wolke: frei, leicht und unbeschwert.

Wir saßen noch lange am Tisch und redeten. Er erzählte Geschichten aus seiner Vergangenheit und es bewahrheitete sich, dass er tatsächlich kein leichtes Leben gehabt hatte. Aber er schien absolut im Frieden damit zu sein. Ich spürte, dass ich mir das auch so sehr für mich wünschte: Leichtigkeit trotz schwerer Umstände. Aber ich hatte keine Ahnung, wie ich das schaffen sollte.

Es wurde langsam kühl und ich wollte mich gerade verabschieden, als ein leicht zerstreuter junger Mann mit Kochschürze, einem Rosmarinzweig im verwuschelten Haar und einem Kochtopf voll Tomatensoße auf die Terrasse kam. „Hast du noch Basilikum?“, fragte er den Mann, ohne mich zu beachten. Der Mann holte ein paar Blätter Basilikum vom Strauch und der junge Mann zupfte sie und rührte sie in die Soße. Anschließend drehte er sich zu mir um: „Kannst du die Soße bitte kurz probieren? Er sagt mir sowieso immer, dass sie gut schmeckt“, sagte er, und noch bevor ich Ja sagen konnte, hatte ich einen Löffel im Mund – und kostete die leckerste Soße der Welt. Mit ungeduldigem Blick musterte er mich, aber entspannte sich sofort, als er an meinem Blick ablesen konnte, dass ich erstaunt über diesen unfassbaren Genuss war. „Komm, du musst noch mehr probieren“, sagte er nur und zog mich durch die Tür in seine Küche. Ich hatte gerade noch Zeit, um mich kurz umzudrehen und dem älteren Mann dankend zuzuwinken.

Wir betraten eine offene Küche. Sie war ziemlich chaotisch, aber hatte dennoch Charme und war mit einem gewissen undefinierbaren Stil eingerichtet. Überall standen Gewürztöpfe, frische Kräuter in Töpfen, Keramikteller und Schalen herum. Der junge Mann schien genauso chaotisch zu kochen wie seine Küche aussah, aber als er mir einen Stuhl freiräumte und mir einen Teller Spaghetti mit der eben gekosteten Tomatensoße auf dem wackeligen Holztisch servierte, vergaß ich alles um mich herum. Es war genau das richtige Gericht für einen gemütlichen und geselligen Abend mit der Familie und Freunden: einfach, aber dennoch wunderbar. Und es fühlte sich hier alles plötzlich so vertraut an. So, als würde man sich schon sein Leben lang kennen und hätte nichts voreinander zu verbergen. Ich konnte genau so sein, wie ich war. Und auch, wenn die Geschmäcker sicherlich verschieden sind, bei diesem Gericht würden sich alle darüber einig werden können, dass es einfach super schmeckte.

Noch bevor ich den Gedanken zu Ende gedacht hatte, ging die Tür auf und ein älteres Paar mit kleinem Hund, eine junge Familie und ein junger Mann, der offensichtlich ein Freund des Kochs war, nahmen Platz. Es wurde alles etwas wuselig, denn der süße Hundewelpe des Ehepaars hüpfte nun zwischen den Stühlen herum, aber wir ließen uns davon nicht stören, redeten und lachten viel. Jeder passte perfekt in die Runde und ergänzte und bereicherte sie gleichermaßen. Es herrschte eine freudige, ja, beinahe ausgelassene und gleichzeitig familiäre Atmosphäre.

Das warme Gefühl, am rechten Ort zur rechten Zeit zu sein, legte sich wie eine Umarmung um mich, und ich nahm mir gleich noch eine Portion Spaghetti. Ich spürte, dass mein Körper mir von der Magengegend her versuchte, Signale zu senden, doch ich fühlte mich so gut wie lange nicht mehr, also ignorierte ich das zunehmende Völlegefühl. Ich war in einer Gesellschaft, die mich genauso akzeptierte, wie ich war, die mich verstand und wo ich von Herzen lachen und das Leben genießen konnte. Das sollte nicht aufhören, also aß ich weiter.

Als es spät geworden war und einer nach dem anderen aufstand und sich verabschiedete, merkte ich, dass sich eine unerträgliche Einsamkeit und Schwere in mir breitmachten. Mit dem letzten gespülten Teller war das Gefühl von Gemeinschaft, Freude und Familie wieder wie weggewaschen. Die junge Mutter, die mit ihrer Familie ebenfalls gerade gehen wollte, schien das bemerkt zu haben und fragte mich, was ich morgen vorhatte. „Nichts!", erwiderte ich traurig und leicht beschämt. Spontan lud sie mich ein, ihr bei ihrer Dessert-Kreation zu helfen, die sie für ein paar Leute vorbereiten wollte. „Ich könnte eine zweite Meinung von einer Künstlerin gut gebrauchen", sagte sie und zwinkerte ihrem Mann lachend zu. „Ja, ja. Ich weiß, meine Meinung ist nicht gut genug." Er lachte und gab ihr einen Kuss auf die Stirn.

Am nächsten Morgen wartete ich schon gespannt auf die junge Frau. Wir hatten uns an der Rückseite des Gebäudes verabredet. Dort führte eine schwarze Wendeltreppe an der Außenfassade hoch, die über eine kleine Terrasse schließlich Zutritt ins Haus verschaffte. Die junge Frau ging voran und schloss, oben angekommen, eine schwarze Eisentür auf. Mir blieb vor Staunen der Mund offen stehen, als wir durch sie hindurchgegangen waren: Wir befanden uns in einer riesigen Halle. Die Decke war beeindruckend hoch, schwarze Metallrahmen fassten die gigantischen Fenster ein und gaben dem Raum eine spektakuläre Wirkung. Die Wände waren aus Beton und verliehen dem Raum einen modernen Charakter. Gleichzeitig spendete der wunderschöne Parkettboden dem Ganzen die nötige optische Wärme.

Der ganze Raum war modern, minimalistisch und sehr stilbewusst eingerichtet. Im vorderen Bereich standen eine große weiße Couch und mehrere Sessel. Im mittleren Teil stand ein langer, massiver Holztisch mit zehn Stühlen drum herum, darüber hing ein atemberaubender Leuchter von der hohen Decke. Im hinteren Teil des Raums schien sich stolz die Küche mit ihrer großen Kochinsel aus weißem Marmor zu präsentieren. Auch dort war alles perfekt aufeinander abgestimmt und jedes Gerät und Küchenutensil schien seinen Platz zu haben. So viel Perfektion und Stilbewusstsein auf einmal war absolut inspirierend und schüchterte mich gleichzeitig ein.

„Hier sieht es etwas anders aus als bei meinem Bruder gestern“, sagte die junge Frau lachend und verstaute unsere Jacken in der Garderobe. Der zerzauste und zerstreut wirkende junge Mann war also ihr Bruder gewesen? Sie sah meinen verdutzten Blick und sagte schmunzelnd: „Ja, so geht es jedem, der mal in beiden Küchen stand.“ Sie musste eine wahre Ikone in ihrem Bereich sein, wenn sie sich so eine Ausstattung leisten konnte. Da konnte ich nicht mithalten.

„Es ist alles etwas übertrieben, ich weiß, aber als ich hier angefangen habe, Desserts zu kreieren, stand hier nur eine mickrige Küche und ein kleiner Tisch mit vier Stühlen für meine Gäste – oder besser gesagt: für meine Familie. Sie war eine lange Zeit meine Versuchskaninchen. Die Armen haben dafür stundenlang diese riesigen Fenster geputzt und das Parkett verlegt und sich so einen Platz am Tisch verdient.“ Sie zwinkerte mir zu.

„Komm, wir fangen an.“ Sie reichte mir eine perfekt gebügelte, strahlend weiße Schürze. Etwas zögerlich und unbeholfen band ich sie mir um. Bei all dieser Perfektion traute ich mich kaum, etwas zu berühren, geschweige denn dreckig zu machen. Aber schon nach kurzer Zeit legte sich dieses Gefühl, denn die junge Frau war zwar beim Kreieren ihrer Desserts sehr genau und perfektionistisch, doch auch auf ihrer Arbeitsfläche standen Dinge herum, die sie gerade gar nicht brauchte.

Sie war eine wahre Meisterin auf ihrem Gebiet. Ihre Kreationen waren unglaublich, ja, wahre Kunstwerke - und viel zu schade zum Essen. Wären sie nicht auch noch so lecker gewesen, hätte man jedes einzelne Stück ausstellen und für viel

Geld versteigern können. Die Glasuren waren so klar und glänzend, dass sich der ganze Raum darin spiegelte. Jede Lage Biskuit und jede Cremeschicht hatten die richtige Konsistenz und Dicke. Und jedes noch so kleine Detail passte zum Gesamtbild. Jedes einzelne Dessert war ein Meisterwerk – und zwar geschmacklich und optisch gleichermaßen. Glücklicherweise machte sie von allen Desserts immer zwei Stück, sodass ich jedes probieren konnte.

Ich war begeistert, überrascht, inspiriert und tief bewegt von so viel Schönheit und Exzellenz. Die junge Frau schien immer noch nicht fertig zu sein, dabei hatte ich mir schon nach der ersten Kreation nicht vorstellen können, dass es noch bessere Desserts als das eben gegessene gab. Doch je länger wir zusammen an neuen Kreationen arbeiteten, desto besser verstand ich ihr Streben nach mehr: Die nächste Kreation sollte noch spektakulärer und außergewöhnlicher sein. Die vielen Möglichkeiten beflügelten mich, und ich wuchs in kürzester Zeit über mich selbst hinaus. Es fühlte sich großartig an, doch gleichzeitig spürte ich auch, wie zunehmend verbissen ich wurde, weil ich darum kämpfte, mit ihr mithalten zu können. Ich wollte, dass die Desserts, die ich machte, nicht nur gut genug, sondern perfekt waren. Ihr schien alles jedoch so leichtzufallen, dass sie während der Arbeit noch leise vor sich hin summen und manchmal auch laut singen konnte. Und das auch noch unglaublich gut.

Wir arbeiteten den ganzen Tag, denn am Abend erwartete sie angesehene Gäste, die nur für ihre neusten Kreationen angereist kamen. Und als wäre es das Normalste der Welt, war ihr Timing für alles perfekt. Wir waren mit allen Kreationen, dem Aufräumen und Tischdecken rechtzeitig fertig und hatten sogar noch genug Zeit, um uns umzuziehen und frisch zu machen, bevor es klingelte. Die junge Frau hatte mir ein Kleid von sich geliehen und darauf bestanden, dass auch ich mit den Gästen aß. Sie mochte solche Essen nicht besonders. Sie liebte es, in der Küche zu stehen und außergewöhnliche Desserts zu kreieren, die in allen Begeisterung und Erstaunen auslösten, aber mit fremden Menschen am Tisch zu sitzen und von ihren eignen Kreationen zu schwärmen, das lag ihr nicht. Ihre Kunstwerke sprachen jedoch mittlerweile für sich, sodass sie sich auch an solchen Abenden entspannen konnte.

Die Dessertprobe war ein voller Erfolg. Alle waren absolut begeistert und lobten die junge Frau in den Himmel. Sie freute sich offensichtlich, doch blieb stets bescheiden und zurückhaltend. Man konnte ihr ansehen, dass sie sichtlich erleichtert war, als alle gegangen waren. Summend fing sie an, in aller Ruhe die Küche aufzuräumen.

Die junge Frau kam mit einem Teller zu mir, auf dem die Krönung aller erschaffenen Desserts für mich bereitlag. „Hier ist deine Belohnung“, sagte sie lächelnd, und überreichte mir ihr Meisterwerk. Ich nahm den Teller beinahe ehrfürchtig entgegen. Allerdings fand ich ehrlich gesagt auch, dass ich es mir ein bisschen verdient hatte, und obwohl ich schon so viele, *zu* viele Desserts probiert hatte, aß ich auch diese Kreation noch auf. Sie war für mich der Inbegriff von Schönheit, Ausgewogenheit und Perfektion.

Als ich am nächsten Morgen besonders früh wach wurde, machte ich mich sofort wieder auf den Weg zu dem prachtvollen Haus, in dem ich gestern so viel genießen durfte. Doch irgendetwas war heute anders. Alles sah etwas heruntergekommen und verlassen aus. Ich ging die Wendeltreppe auf der Rückseite des Gebäudes hoch, doch die Tür war verschlossen, und durch die großen Fenster konnte ich niemanden sehen. Auch als ich zum Haupteingang des Hauses ging, war dieser zugesperrt. An der Hausfront blätterte die Farbe von der Wand und das ganze Gebäude, das gestern noch so eine strahlende und faszinierende Erscheinung gewesen war, wirkte nun trist, leer und beinahe hässlich.

Ich wurde wütend. Ich wollte wieder in das Haus. Und ich wollte, dass es dort wieder so aussah wie gestern. Ich wollte das Gefühl zurück, das mir dieses Haus gegeben hatte. Ich wollte mehr von alldem. Zudem knurrte mein Magen vor Hunger und meine Laune wurde zusehends schlechter. Da sah ich, wie sich die Eingangstür langsam vor mir öffnete. Der Mann in Weiß stand in ihr und ließ mich wortlos hinein. Er führte mich die breite Treppe hoch. Oben angekommen, wollte ich gerade in die Küche der älteren Frau gehen, als er mich durch eine andere Tür links daneben in einen neuen Raum führte. Er war nicht besonders schön und gemütlich, aber in seiner Mitte stand ein reich gedeckter Tisch mit unterschiedlichen Gerichten. Es waren die gleichen Dinge, die ich in den letzten zwei Tagen hier gegessen hatte: selbst gebackenes Brot, frischer Salat, Pasta mit Soße und ein kunstvolles Dessert.

Ohne darauf zu achten, was der Mann in Weiß tat, setzte ich mich an den Tisch und fing an, zu essen – alles wild durcheinander. Ich sah aus dem Augenwinkel, dass auch er sich an den Tisch gesetzt und sich erst mal ein Glas Wasser eingeschenkt hatte. Ich hatte einen unersättlichen Hunger, dass ich einfach weiteraß, ohne ihn zu beachten. Die dezenten Bauchschmerzen, die sich langsam bemerkbar machten, konnten mich nicht davon abhalten, mich auch noch mit einem Dessert zu belohnen – für was auch immer. Als mein Magen von dem ganzen Essen beinahe kollabierte, lehnte ich mich auf dem ungemütlichen Holzstuhl zurück. Ich konnte vor lauter Völlegefühl kaum denken. Und meine schlechte Laune hatte sich nicht verzogen – im Gegenteil, durch die Bauchschmerzen wurde ich noch unleidlicher.

Alles hatte genauso geschmeckt wie an den Tagen zuvor, doch das Gefühl von Geborgenheit, Unbeschwertheit und Zugehörigkeit blieb komplett aus. Der Mann in Weiß deutete geduldig auf ein älteres Sofa, das in der Ecke stand. Schwerfällig ließ ich mich darauffallen, nahm dankend die Wärmflasche entgegen, die er mir fürsorglich hinhielt, und war im nächsten Moment schon eingeschlafen. Die gesamte Energie meines Körpers wurde offensichtlich in meinen Verdauungstrakt geschickt, um die überdurchschnittlich großen Massen an Essen bewältigen zu können.

Als ich nach einer Weile wieder aufwachte, schmerzte mein Bauch immer noch leicht, doch ich fühlte mich etwas besser. Ich sah zum Tisch und erschrak über das Schlachtfeld, das ich dort hinterlassen hatte. Sogleich überrollte mich das Gefühl von Scham. Was um alles in der Welt hatte ich mir dabei gedacht, all die Dinge so in mich hineinzustopfen? Es war erst Vormittag und ich hatte schon ein ganzes Tagesmenü verschlungen – und doch fühlte ich mich innerlich leer, allein und gefangen in mir selbst. Die befriedigenden Gefühle, die das Essen die letzten Tage in mir ausgelöst hatte, hatten sich nun in ihr komplettes Gegenteil verwandelt.

Der Mann in Weiß brachte mir eine Tasse Tee und setzte sich neben mich. „Mein Liebes, wenn Essen mehr als das Bedürfnis von körperlichem Hunger stillen soll, gerät dein Essverhalten aus dem gesunden Gleichgewicht. Es ist nicht dazu da, andere Bedürfnisse zu befriedigen. Es ist nicht das Brot selbst, das ein Gefühl von Zuhause ausmacht. Und es ist auch nicht ein frischer Salat, der deinem Leben Leichtigkeit verleiht. Auch die beste Pasta kann keine echte Gemeinschaft erschaffen. Und die Dessertkreationen versüßen dir deine Stimmung und betören für einen kurzen Moment deine Sinne, aber wahre Schönheit und Inspiration findest du nicht in der perfekten Schokoladenglasur eines Törtchens."

Ich nahm einen Schluck Tee und spürte seine wohltuende Wirkung in meinem Magen. Meine Energie verteilte sich langsam wieder im ganzen Körper und ich dachte über die Worte des Mannes in Weiß nach.

Da stand er auf und führte mich wieder nach draußen. Mir war vorher noch gar nicht aufgefallen, dass sich hinter dem Haus ein Spielplatz mit einer Schaukel, einem Klettergerüst mit Rutsche und einer riesigen Wippe aus Holz befand. Etwas irritiert schaute ich den Mann in Weiß an. Ich kannte Spielplätze wirklich mehr als genug aus meinem Alltag. Und jetzt, wo ich mich so allein und leer fühlte, auf einen zu gehen, schien mir das offen gestanden etwas einfallslos zu sein.

„Die Kunst ist, die richtige Balance zu finden. Für kurze Zeit kann Essen genau das bewirken, was wir uns wünschen: ein Bedürfnis stillen, ein Loch stopfen oder ein Hungergefühl durch eine angenehme Sättigung ersetzen. Aber es ist unmöglich, die tiefen Löcher und innersten Bedürfnisse auf lange Sicht mit Essen zu befriedigen."

„Komm, probiere es aus", sagte der Mann in Weiß dann und winkte mich augenzwinkernd zu sich. Ich hatte wirklich keine Lust, auf den Spielplatz zu gehen, aber mir war etwas kalt geworden und etwas Bewegung würde mir wohl guttun. Die

DIE KUNST IST,
die richtige
BALANCE
ZU FINDEN.

Wippe war gigantisch groß. Viel zu gefährlich für kleine Kinder. Und selbst für mich. Also nahm ich die Hand des Mannes in Weiß und balancierte mit ausgestreckten Armen über die Wippe, bis ich in der Mitte angekommen und sie im Gleichgewicht war. Bis zum letzten Schritt auf die Mitte zu war es eine wackelige und teilweise sehr rutschige Angelegenheit gewesen, und ich war froh, immer wieder nach seiner Hand greifen zu können. Doch sobald ich in der Mitte angekommen, die Wippe in der Balance war und ich meinen Blick nach vorne richten konnte, war es ein tolles Gefühl. Aber was hatte das alles jetzt mit meinem Essverhalten zu tun? Wir waren doch mitten in einem Gespräch gewesen. Ich musste nicht lange darüber nachdenken …

Essen war schon, seit ich denken kann, etwas, woran ich erkennen konnte, wie es meiner Seele ging. Ging es mir gut, so war Essen ein Genuss für mich und ich fand das richtige Maß. Doch sobald es mir nicht gut ging, sich in meiner Seele Löcher auftaten und Sachen aus dem Gleichgewicht kamen – ob nun selbst verschuldet oder nicht –, so versuchte ich, meinen Schmerz und mein inneres Ungleichgewicht durch übermäßiges Essen zu kompensieren beziehungsweise auszugleichen.

Ich versuchte, mit Brot ein Gefühl von Stabilität und Sicherheit zu bekommen, aber je mehr ich davon aß, desto schwerer lag es im Magen. Dann versuchte ich, Salate und viel Obst und Gemüse zu essen, um mit diesen leichten und gesunden Lebensmitteln auch in meiner Seele mehr Leichtigkeit zu kreieren. Für kurze Zeit schien alles unbeschwert und unter Kontrolle zu sein, bis ich auf der einen oder anderen Seite schmerzhaft abrutschte. Von jetzt auf gleich reichte ein Salat dann nicht mehr. Ich brauchte mehr. Mein inneres Loch war zu groß geworden, um es mit Salat zu stopfen. Und jede noch so leckere, herzhafte Mahlzeit half nicht. Das warme Gefühl, nicht allein zu sein, und die kurzzeitig vorhandene Kraft verschwanden, sobald ich aufhörte zu essen. Also aß ich mehr. Doch je mehr ich aß, desto kraft- und energieloser fühlte ich mich.

Das Essen, das an dem einen Tag alle um den Tisch vereint hatte, brachte mich nun dazu, mich aus Scham von ihnen zu distanzieren, ja, mich regelrecht von anderen Menschen zurückzuziehen. Ich wollte niemanden sehen und nicht gesehen werden. Ohne es zu merken, hatte ein gemeinsames Essen mich einsam gemacht. Wenn alle Sicherheit, Leichtigkeit und Kraft verschwunden war und ich allein war, hoffte ich, dass der Zucker mir die nötige Energie für den Tag geben, die Süße meine Seele beruhigen würde. Der Versuch, die innere Leere zu füllen, endete mit einer noch größeren Leere und Schwere und einem Schmerz, der nicht nur aus der Magengrube kam.

Ich gab auf.

Während ich über das Thema Essen nachdachte, hatte ich gar nicht gemerkt, dass ich auf der Wippe ebenfalls völlig aus dem Gleichgewicht gekommen war. Die Wippe fing an zu wackeln, aber der Mann in Weiß war zu weit weg, um mir zu helfen. Ich kniete mich hin, um nicht ganz zu fallen, doch auch so rutschte ich immer weiter nach unten – bis ich schließlich am unteren Ende der Wippe mitten im Matsch landete.

Ich resignierte.

Ich war wütend. Alles war matschig, dreckig und ich in jeglicher Hinsicht am Boden. Ich hatte begriffen: Ich schaffte es einfach nicht. Ich hatte versucht, alles selbst in den Griff zu bekommen, aber das Essen hatte *mich* unter Kontrolle anstatt ich das Essen. Statt ein Gefühl von Sicherheit, Leichtigkeit und Zugehörigkeit zu verspüren, saß ich nun allein im Matsch und fühlte mich schwerfällig und perspektivlos. Ich lief ziellos umher, während graue Wolken aufzogen und der Himmel sich in eine triste und leere Leinwand verwandelte.

Eine endlose Unzufriedenheit legte sich wie ein eisiger Nebel über mich. Er verschleierte alles um mich herum und ließ mich nur noch ein paar wenige Meter weit sehen. Es war unheimlich und unangenehm. Ich fühlte mich verloren, unsicher und verlassen – und ich war immer noch wütend. Wütend auf mich, mein Leben und die Welt. Es war ja klar, dass ich so nicht glücklich werden konnte. Doch bei diesem Gedanken legte der Mann in Weiß seine warme Hand an mein eingefrorenes Gesicht. Allein diese Berührung wärmte mein von Bitterkeit starr gewordenes Herz.

Ich blickte mich um. Alles um mich herum hatte sich verändert. Irgendetwas stimmte mit meinen Augen wohl nicht. Ich konnte nichts deutlich erkennen. Alles schien unscharf zu sein. Ich rieb mir die Augen und ging ein paar Schritte – dann stieß ich gegen eine beinahe komplett unsichtbare, kalte Wand. Ich realisierte, dass mit meinen Augen alles in Ordnung war, aber ich mich in einer Höhle aus Eis befand. Alles um mich herum war eingefroren. Durch die dicken Eiswände konnte ich die Außenwelt nur verschwommen sehen. Plötzlich traf es mich wie aus heiterem Himmel: Irgendjemand hatte mich hier eingesperrt! Ich suchte verzweifelt nach einem Ausweg, wurde hysterisch und bekam Panik. Es gab keinen Ausweg, keine Hilfe. Ich war auf mich alleingestellt.

Doch da spürte ich, wie die warme Hand des Mannes in Weiß meine nahm. Stimmt, er war ja auch noch da. Wie konnte ich ihn nur wieder so schnell vergessen haben?

„Liebes, ein bisschen Unzufriedenheit scheint harmlos zu sein, doch je unzufriedener man wird, desto mehr zieht man sich zurück. Und wenn Essen oder Dinge wie dein Aussehen und Ansehen, dein Erfolg, die Gemeinschaft mit anderen oder deine Inspirationen weniger werden oder nicht mehr ausreichen, um deine tiefsten Bedürfnisse und deinen Schmerz zu stillen, dann wird aus Unzufriedenheit eine eisige Bitterkeit."

Während er sprach, führte er mich durch die Eisräume nach draußen. Ich blickte mich um: Von außen wirkte die Eishöhle beinahe wie ein schöner Eispalast.

„Das stimmt, das Eisschloss, das du dir selbst um dich herumgebaut hast, sieht erst mal schön und verlockend aus, aber leider kann kein anderer außer dir lange darin überleben. Er wird in deinem eigenen Palast erfrieren."

Als ich mich umsah, bemerkte ich, dass es hier nicht nur mein kleines Eisschloss gab, sondern außerdem eine riesige Mauer aus Eis, die rund um das gesamte Anwesen ging – so, als wollte ich mich doppelt absichern, dass niemand mir zu nahekam. Ich ging näher heran und konnte dahinter schemenhaft die Umrisse meiner Kinder und meines Mannes ausmachen. Ich konnte sehen, wie sie miteinander spielten, aber die Mauer war viel zu dick, um sie zu hören, geschweige denn, um sie zu durchbrechen und einfach zu ihnen zu gehen.

Tieftraurig spürte ich, wie eine heiße Träne nach der anderen über mein kaltes Gesicht lief. Die letzten Tage in dem „prachtvollen" Haus waren sehr intensiv gewesen. Ich hatte mich so sehr um mich, mein eigenes Wohlbefinden, meine Bedürfnisse und meine Wünsche gedreht und dadurch meine Familie aus den Augen verloren, sodass sie immer weniger Platz in meinem Leben eingenommen hatte. Ich wollte mehr für mich, mehr Raum, mehr Zeit, mehr Ansehen, mehr Erfolg – einfach mehr. Ich wollte gesehen und geliebt werden. Doch als das alles nicht reichte, hatte ich versucht, meine Unzufriedenheit mit Essen zu stillen. Müde vom Ankämpfen gegen meine Unzufriedenheit hatte ich irgendwann akzeptiert, dass mein Leben schwer und anstrengend war. Ich gab auf. Ich resignierte. Ich war bitter geworden. Und um nicht am eigenen Schmerz zu zerbrechen, fror ich mein Innerstes ein. Doch der Preis war hoch. Mein Schmerz war so zwar für den Moment im Eis erstarrt, aber eine riesige Eismauer trennte mich von allem, was mir etwas bedeutete.

Ich entdeckte die große Wippe und sah, dass sie bis zur Mitte in der Eismauer eingefroren war. Es schien unmöglich, wieder ins Gleichgewicht zu kommen ... Ich wusste nicht weiter. Das Eis war so dick, es würde Jahre dauern, bis es geschmolzen sein würde, um den Weg freizugeben zu meiner Familie, meinen Freunden, meinem Leben.

Hilfe suchend schaute ich zum Mann in Weiß, der hinter mir stand. Ich suchte nach Mitleid in seinem Blick, doch stattdessen schaute er mich beinahe freudig an.

„Bist du bereit?", fragte er und zwinkerte mir zu. Seine Reaktion irritierte mich so sehr, dass ich lachen musste.

An seiner Hand ging ich sehr langsam, Schritt für Schritt, die nun auch noch eisige Wippe hoch, doch seine Hand hielt mich. Die Wippe war nun so breit, dass wir beide darauf gehen konnten. Wir waren beinahe in der Mitte angekommen, als ich mich plötzlich fragte, wie ich dort überhaupt stehen bleiben sollte, wenn die Wippe in der Mauer eingefroren war?

Zu meinem Erstaunen war sie jedoch gar nicht festgefroren, wie es von unten wirkte. Der Balken musste im Eis offensichtlich immer noch Bewegungsspielraum haben. Mit dem letzten Schritt in die Mitte bewegte er sich ebenfalls und kam sicher in der Balance zum Stehen.

Als ich begriff, was gerade passiert war, war es, als hätte auch das Eis in mir den Widerstand aufgegeben, und Tränen flossen über mein Gesicht.

„DU HATTEST DIE ENTSCHEIDUNG IMMER SELBST IN DER HAND, OB DICH DEINE UMSTÄNDE, DEIN SCHMERZ UND DEINE UNZUFRIEDENHEIT RESIGNIEREN UND AUFGEBEN LASSEN ODER NICHT.

Der Weg zurück zu deinem Leben lag immer frei und war bereit, von dir betreten zu werden. Die Wippe war zu keinem Zeitpunkt festgefroren. Deine Sehnsucht und dein dankbarer Blick auf deine Familie und dein Leben haben dir den Mut gegeben, dich auf den Weg in die Mitte zu machen."

„Aber ohne dich hätte ich es nicht geschafft. Ich wäre ausgerutscht und runtergefallen", antwortete ich unter Tränen. „Wer sagt denn, dass du alles allein schaffen musst?", fragte der Mann in Weiß lächelnd.

Erneut dachte ich an das schillernde Haus, was unendliche Möglichkeiten bereitzuhalten schien, um meine Sehnsüchte, Wünsche und Bedürfnisse zu befriedigen und die Löcher in meiner Seele zu stopfen. Doch jetzt erkannte ich, dass dieses Haus die Realität verdrehte und vortäuschte, etwas anderes zu sein, als es in Wirklichkeit war. Tatsächlich war es ein Ort, an dem ich den Blick für mich selbst verloren hatte, an dem das vermeintliche „mehr" mir nicht mehr gab, sondern mich leer zurückließ.

„Gier sucht verzweifelt nach mehr. Die Angst, zu kurz zu kommen, nicht genug zu haben oder zu sein, aktiviert den Kampfgeist. Und diese freigesetzte Energie suggeriert, dass mehr zu haben auch mehr Erfüllung bedeutet. Doch in Wahrheit bringt Gier nur Leere, Bitterkeit und Einsamkeit", ergänzte der Mann in Weiß meine Gedanken und blickte zurück zum Eisschloss. Als ich mich ebenfalls umdrehte und das Eisgebilde von außen betrachtete, lief mir ein eisiger Schauer den Rücken herunter. Was für einen Moment nach Sicherheit und Eleganz ausgesehen hatte, wirkte nun wie ein eisiges Gefängnis.

„WAHRE ZUFRIEDENHEIT BEDEUTET, EINE GUTE BALANCE ZWISCHEN AKZEPTANZ UND DANKBARKEIT ZU FINDEN. ZWISCHEN DER AKZEPTANZ VON DEM, WAS NICHT ODER NOCH NICHT SO IST, WIE MAN ES SICH WÜNSCHT, UND DEM DANKBAREN BLICK AUF DAS, WAS WIR HABEN, OHNE ES ZU VERDIENEN."

Wenn man auf der Mitte der Wippe steht, hat man die Kraft, das zu ändern, was einem noch nicht gefällt, weil man die Energie nicht zum ständigen Ausbalancieren braucht. Zufriedenheit ist nicht abhängig von den Umständen oder davon, wie viel man hat oder erreicht hat, sondern lediglich davon, wie sehr man mit sich im Reinen ist – mit sich und dem, was um einen herum passiert. Und wie du weißt, gehören Stürme einfach dazu und können einen ganz schön aus dem Gleichgewicht bringen, aber vergiss nicht: Ich bin da. Du musst das alles nicht allein schaffen. Zufriedenheit bedeutet, sein Leben leben zu wollen, mit allem, was dazugehört."

Von Weitem hörte ich Kinder lachen und drehte mich so schnell um, dass ich beinahe von der Wippe gefallen wäre. Doch der Mann in Weiß hielt mich, wie immer, fest. Ich sah, wie meine Mädchen auf dem Spielplatz rutschten und schaukelten und dabei von Herzen lachten. Tiefe Dankbarkeit erfüllte mich und ich rannte die Wippe regelrecht hinunter. Ich schloss die beiden in die Arme und küsste meinen Mann.

Ich hatte eine wundervolle Familie, ein großartiges Leben. Für diesen Moment konnte ich es tatsächlich so sehen.

In Zukunft wollte ich lernen und mir immer wieder antrainieren, in die richtige Balance zu kommen, denn ich wusste: Er war da – und würde mir helfen, meine Mitte zu finden.

„Wie heißt eigentlich dieses merkwürdige Haus?", fragte ich den Mann in Weiß später. Seine Miene wurde ernst, als er den Blick von meinen spielenden Kindern abwandte und mit seiner Hand auf das Haus zeigte.

Ich schaute seiner Hand hinterher und konnte sehen, wie der dichte Nebel plötzlich das Dach des Hauses freigab. Eine riesige Leuchttafel erschien. Sie musste schon etwas älter sein, denn sie hatte offensichtlich einen Wackelkontakt. Ich konnte erkennen, dass der Text sich ständig änderte, wobei einige Buchstaben mitten im Wort verschwanden und später wieder aufleuchteten.

„Schau genauer hin", sagte der Mann in Weiß.
Das Schild wechselte genauso oft seine Bedeutung, wie sich die Fassade des Hauses anfangs verändert hatte. Ich erinnerte mich, wie fasziniert ich gewesen war, als ich das Haus zum ersten Mal gesehen hatte. Das Haus schien alles zu sein: faszinierend, anziehend, außergewöhnlich, vielversprechend und extravagant – auf jeden Fall alles andere als schlicht, normal und unscheinbar.

Und als ich so darüber nachdachte, spürte ich wieder dieses unbeschreibliche Verlangen in mir aufkommen. Diesen Wunsch nach mehr. Das Haus schien alle Wünsche zu erfüllen, alle Sehnsüchte zu kennen und jedes Bedürfnis befriedigen zu können, doch am Ende fühlte ich mich leer, verloren und einsam.

GIER

BEGIERDE

BEGEHREN

MEHR

LEERE

SEHNSUCHT

SUCHT

MACHT

ZU WENIG

UNZUFRIEDEN

BEFRIEDIGUNG

SCHAMLOS

SCHAM

MEINS

EINSAM

|

Ende

Das Haus hatte mich getäuscht.

Der Mann in Weiß legte seine Hand auf meine Schulter und holte mich aus meinen düsteren Erkenntnissen zurück ins Hier und Jetzt. Nochmals deutete er auf die Leuchttafel.

Nun stand dort klar und deutlich: „TÄUSCHUNG“

Das hatte ich nicht kommen sehen. Ich war davon ausgegangen, dass das Haus Gier oder Unzufriedenheit hieß, aber nicht Täuschung.

Für eine Weile wusste ich nicht richtig, was ich damit anfangen sollte. Doch auf einmal fiel es mir wieder ein: Um Enttäuschung war es schon bei meiner ersten Begegnung mit dem Mann in Weiß gegangen. Es war das erste Thema gewesen, dem wir uns gemeinsam gewidmet hatten, und ein Thema, das mich schon so lange beschäftigt und mein Leben geprägt hatte. Ent-Täuschung.

Nun, Jahre später, stand ich vor dem Haus der Täuschung.

Das Haus versprach mir die Welt, doch am Ende blieb die Enttäuschung. Aber bei meiner ersten Begegnung mit dem Mann in Weiß war es genau andersrum gewesen. Ich hatte einen leeren, schlichten und total unspektakulären Raum betreten und war enttäuscht wieder gegangen. Doch beim zweiten Blick war der Raum voll von Liebe, Anteilnahme und Wahrheit gewesen und ich hatte so viel mehr Leben und Fülle in diesem leeren Raum gefunden als in diesem komplett überfüllten Haus. Doch nicht ein Haus konnte diese Dinge erschaffen, sondern ER allein. Er war es, der alle Schönheit erschaffen hatte und der sie täglich neu kreierte. Er war es, der mich sah, kannte und liebte. Und ER war es, der auch meine tiefsten Bedürfnisse und Sehnsüchte kannte und mir mit seiner Gnade half, in die richtige Balance meines Lebens zu kommen.

So schmerzhaft die Enttäuschung nach dem Besuch dieses Hauses auch gewesen war, so befreiend war es nun zu wissen, nicht mehr getäuscht zu sein.

ZUFRIEDEN HEIT

MEIN LEBEN
LEBEN WOLLEN,
mit allem,
WAS DAZUGEHÖRT.

Ent-TÄUSCHUNG

Ich will mehr.
Ich will alles.

Schöner.
Besser.
Mehr.

Ich hatte mehr, doch es hat seinen Wert verloren.

Ich hatte alles, doch zurück bleibt nichts.
Ich habe mich getäuscht.

Die Täuschung hüllt mich ein,
nimmt mich gefangen.

Was, wenn nicht mehr mehr ist,
sondern das Richtige alles ist?

Enttäuschung bahnt den Weg für die Wahrheit. Wahrheit macht frei.

Wer frei ist, lässt los, was nicht für einen bestimmt ist, und erkennt, was die Seele wirklich braucht.

DIE PANIK

Seit dem Besuch im letzten Haus hatte sich einiges bei mir verändert. Ohne mich, wie bisher, krampfhaft und meist erfolglos darum zu bemühen, veränderte ich nach und nach meine Ernährung beziehungsweise mein Essverhalten. Anstatt auf Kuchen, Kekse und andere Süßigkeiten zu verzichten, hatte ich nun eine für mich ungewöhnliche Motivation, neue Dinge zu probieren, die mir guttaten.

Auch hatte ich angefangen, mehr Sport zu machen, las gleichzeitig mehr in der Bibel und pausierte sogar meine *Netflix*-Serien, um mir eine Serie über Jesus anzuschauen. Ich fühlte mich körperlich, seelisch und geistig so fit, gesund und inspiriert wie lange nicht mehr.

Nur eines störte mich wie ein lästiger Stachel im Fuß: Immer wieder bekam ich dieses seltsame Gefühl im Hals. Dieses Gefühl, nicht richtig schlucken zu können. Einen Kloß im Hals zu haben. Ich versuchte einige Wochen, es immer wieder zu unterdrücken und zu vergessen. Doch es ging einfach nicht weg. Ich wurde wütend. Das erste Mal seit Langem war mein Leben ohne Drama, und alles verlief so ruhig, wie es mit kleinen Kindern nun mal gehen konnte, und doch schien dieses Stresssymptom nicht zu verschwinden.

Als eine gute Freundin mir erzählte, dass sie die kommenden drei Wochen fasten wollte, um sich innerlich zu reinigen, den Kopf frei zu bekommen und sich ganz intensiv auf Gott auszurichten, wollte ich sofort mitmachen. Der erste Tag lief super und der Verzicht auf Nahrung machte mir erstaunlich wenig aus. Ich fühlte mich gut und war gespannt, wie sich die nächsten Tage entwickeln würden. Doch schon beim Aufstehen am zweiten Tag ging es mir miserabel. Ich fühlte mich schwach und war wackelig auf den Beinen. Ich trank schnell einen Saft, in der Hoffnung, das ungute Gefühl schnell loszuwerden, doch mir wurde schlecht und ich musste mich übergeben. Völlig entkräftet und entmutigt musste ich meinen Mann bitten, unsere Tochter in den Kindergarten zu bringen.

Ich fühlte mich wie eine Versagerin und ärgerte mich über mich selbst. Ich wollte Gott doch zeigen, dass er mir wichtig war, und dass die Anliegen, für die ich fastete, mir wirklich am Herzen lagen. Doch stattdessen lag ich elend und kraftlos auf dem Sofa, während meine kleine Tochter am Handy herumspielte, weil ich sie nicht beschäftigen konnte. Doch so schnell wollte ich nicht aufgeben und entschied mich deshalb, in einer abgeschwächten Form weiterzufasten.

Etwas zögerlich, aber dennoch motiviert, startete ich am Mittwoch einen zweiten Versuch, komplett auf Essen zu verzichten – und es ging mir blendend. So gut, dass ich mir insgeheim vorstellte, wie ich drei, vier, fünf – ja sogar sieben Tage so weiterfasten würde. Doch dann kam der Donnerstag. Als ich beinahe in der Dusche umkippte und einige Minuten nackt auf dem Fußboden lag, kapitulierte ich.

Ich war traurig und wütend, dass mein Körper mir so stark meine Grenzen aufzeigte. Immer wieder fragte ich mich, ob ich es vielleicht einfach hätte durchziehen sollen und ob ich es hätte schaffen können, wenn ich mich nur mehr angestrengt hätte.

Was, wenn Gott meinen Anliegen nun keine Beachtung schenken würde?

Was, wenn es nicht ausreichte, um ihm ganz neu zu begegnen?

Das neue Jahr hatte gerade erst begonnen und es war Samstag, der Geburtstag meiner verstorbenen Schwägerin. Ich vermisste sie und eine Wehmut kam in mir auf, aber der viele Schnee draußen und die Zeit mit meiner Familie lenkten mich ab. Abends brachte mein Mann die Kinder ins Bett, ich machte es mir auf dem Sofa gemütlich und schaute die Serie über Jesus weiter. Während ich den liebevollen Blick sah, mit dem Jesus den Gelähmten im Film anschaute und ihn ohne großes Prozedere bat aufzustehen, spürte ich, wie sich mein Hals ohne Vorwarnung verengte und Panik in mir aufstieg.

Eine Panikattacke.

Ich legte mich auf den Boden und mein ganzer Körper zitterte. Mir wurde schwindelig und ich hatte das Gefühl, keine Luft mehr zu bekommen. Ich öffnete das Fenster und die kalte, frische Luft half kurzzeitig, aber mein Körper zitterte weiter. Mein Mann kam ins Zimmer und fing an, für mich zu beten. Wir riefen unsere Freunde und ehemaligen Pastoren an. Auch sie beteten eine Stunde lang mit.

Doch ich zitterte weiter, meine Hände und Arme fingen an zu kribbeln, mein Kiefer verkrampfte sich und meine Gefühle schwankten zwischen Wut, Verzweiflung und Enttäuschung hin und her.

Wurde ich nicht eben daran erinnert, dass Gott heilen konnte – und das sogar ohne Beten, Bitten und Kämpfen?

Und ich? Ich lag auch nach zwei Stunden Beten und Bitten immer noch genauso verängstigt, zitternd und panisch auf dem Boden.

Bei mir schien das wohl nicht zu wirken.

„Wo zwei oder drei in meinem Namen versammelt sind, bin ich mitten unter ihnen" (Matthäus 18,20).

„Wenn jemand von euch krank ist, soll er die Gemeindeleiter zu sich rufen, damit sie für ihn beten und ihn im Namen des Herrn mit Öl salben. Wenn sie im festen Vertrauen beten, wird der Herr den Kranken heilen. Er wird ihn aufrichten und ihm vergeben, wenn er Schuld auf sich geladen hat" (Jakobus 5,14–15).

Wir waren zu viert. Unsere ehemaligen Pastoren waren übers Telefon dabei und beteten mit, und sowohl sie als auch mein Mann hatten in der vergangenen Woche gefastet. Hatten wir nicht alles getan, um nun erhört zu werden?

Aber ich kannte schmerzhafte Situationen wie diese schon zu gut. Wir hatten schon am Krankenbett meines Vaters intensiv gebetet und ebenfalls an dem meiner Schwägerin. Ärzte hatten ihr Bestes getan, Freunde und Familie alle erforderliche Unterstützung geleistet. Manche Umstände schienen gut zu sein, doch Gottes persönliches Eingreifen blieb aus.

Und so stiegen die dunkelsten Gedanken in mir hoch:

„Gott hört mich nicht. Gott hilft mir nicht. Ich bin allein. Ich bin es nicht wert, gehört zu werden. Ich bin es nicht wert, dass er mir hilft."

Wir fuhren ins Krankenhaus.

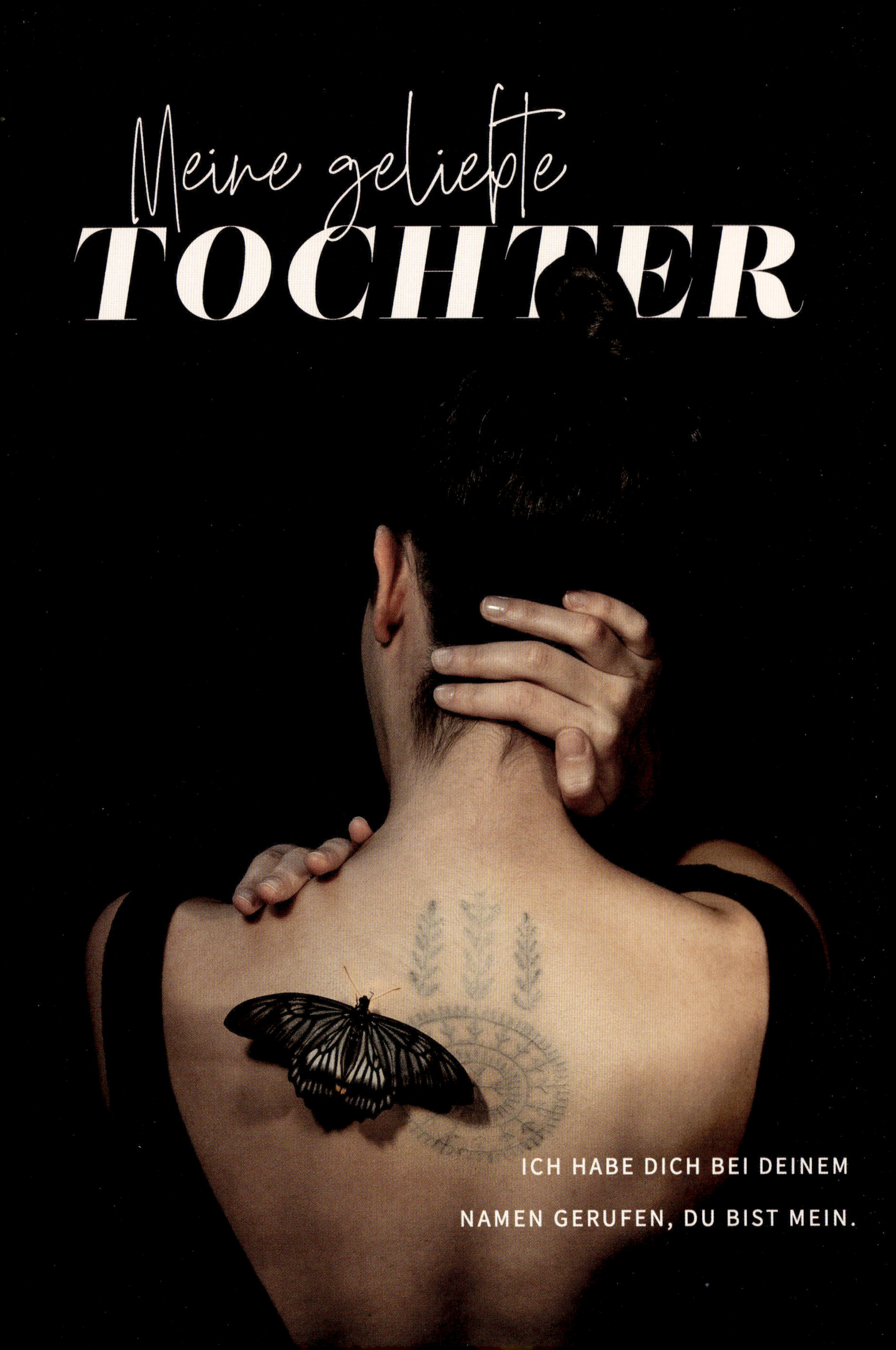
Meine geliebte
TOCHTER
ICH HABE DICH BEI DEINEM
NAMEN GERUFEN, DU BIST MEIN.

EIN BRIEF VON *Gott*

Meine geliebte Tochter,

ich wünschte, du hättest nicht so viel Angst, zu kurz zu kommen. Ich wünschte, du würdest endlich meine Liebe für dich erkennen, spüren und begreifen. Ich wünschte, du würdest verstehen, dass du nichts mehr oder weniger tun kannst, damit ich dich und deine Wünsche, Bedürfnisse und Träume sehe.
Du hast Angst, enttäuscht zu werden, Angst, dass nichts passiert, aber siehst du denn nicht?! Ich bin da und habe den Heilungsprozess begonnen, noch bevor du auch nur gebetet, geschweige denn gefastet hast. Siehst du denn nicht, dass die Himmelstore offen stehen für dich und deine Familie?
Ich will dich segnen und habe schon längst damit angefangen.
Ich werde dir Neues zeigen, dich trainieren, dir sagen, wo du hingehen sollst. Ich habe einen guten, ja, wundervollen und großartigen Plan mit dir. Großes liegt vor dir. Und es wird größer sein als die Tiefen, die hinter dir liegen.

Nun, hab keine Angst! Ich bin bei dir. Ich habe dich bei deinem Namen gerufen, du bist mein.
Steh auf, meine Schöne. Es ist Zeit für Neues, Schönes und Großes.

Ich bin Gott.
Ich bin da.
Ich sehe dich.
Ich kenne dich.

Ich liebe dich.

Das letzte HAUS

Anders als bisher fühlte ich mich heute sehr verunsichert. Ich wusste, mir stand das letzte Haus bevor. Jedes Haus hatte einen meiner wundesten Punkte offenbart, aber mein Gefühl sagte mir, dass dieses Haus noch einmal ganz besonders herausfordernd für mich werden würde.

Das hatten schon die anstrengenden vergangenen Wochen angekündigt, die mehr mit dem letzten Haus zu tun gehabt hatten, als mir lieb war. Die Themen der einzelnen Häuser hatten sich auf meiner bisherigen Reise oft schon ein paar Tage oder Wochen zuvor angekündigt und wurden plötzlich aktuell und präsent im realen Leben. So auch diesmal.

Allein der Gedanke an die Panikattacke, so manche Gespräche, Gefühle und Stimmungen der letzten Wochen trieben mir wieder die Tränen in die Augen.

Tief in meine Gedanken versunken, schreckte ich auf, als ich den mir nun schon zu gut bekannten Satz hörte: „Bist du bereit?“

Ich sah mich um, doch der Mann in Weiß war weit und breit nicht zu sehen. Natürlich war ich ausgerechnet heute allein. Gerade jetzt, wo ich ihn am meisten hätte brauchen können, war ich mir selbst überlassen. Ich merkte, wie sich ein ekliges, bitteres Gefühl in meinem Hals ausbreitete. Ich konnte es weder herunterschlucken noch ausspucken.

„Bist du bereit?“, hörte ich den Satz ein zweites Mal. Aber auch diesmal sah ich niemanden. Ich wusste nicht, ob ich bereit war. Eine unsichtbare Schwere lastete auf mir, und niemand war da, um mir zu helfen. Ich sah mich um. Ich sah einen Krug mit frischem Wasser neben dem Brunnen stehen, doch ich war immer noch gekränkt, weil der Mann in Weiß mich offensichtlich im Stich gelassen hatte. Also ließ ich das Wasser stehen und betrat den Weg, der sich vor mir auftat. So lief ich eine Weile, den Blick immer auf den tristen Kiesweg vor mir gerichtet, bis ich vor einem Eisentor zum Stehen kam. Ich blickte auf. Ausgerechnet heute führte der Weg einen steilen Berg hoch. Erst weit oben konnte ich ein Gebäude erkennen. Nebelschwaden verdeckten es zum größten Teil, doch die Turmspitzen, die den Nebel durchbrachen, ließen mich darauf schließen, dass es sich um ein großes Schloss handeln musste.

Die Aussicht auf das Schloss hatte meinen Ehrgeiz geweckt, und trotz der nach wie vor drückenden Last auf meinen Schultern öffnete ich das Tor und machte mich an den Aufstieg.

Schon nach kurzer Zeit war ich außer Atem. Keuchend blieb ich vor einem alten Turm aus Steinen stehen. Er wirkte nicht besonders imposant, aber er strahlte dennoch etwas Märchenhaftes aus. Also beschloss ich, trotz meiner schwindenden Kräfte, den Turm zu besteigen. Ich öffnete die quietschende Holztür und stieg etwas zögerlich die Wendeltreppe hoch. 124 Stufen. Ich stöhnte und fluchte. Und in meinem Inneren schafften sich der ganze angestaute Frust und die unterdrückte Anklage Gott gegenüber einen Weg nach draußen: Warum nur hatte Gott mich so unsportlich gemacht? Wäre mir die Sportlichkeit, wie vielen anderen um mich herum, mit in die Wiege gelegt worden, müsste ich mich jetzt nicht so abmühen.

Schließlich kam ich im einzigen Raum des Turms an. Durch das einzige Fenster in dem Raum kam nur spärliches Licht. Ich sah lediglich einen alten Holzstuhl und einen Spiegel, der so verdreckt war, dass man nichts darin erkennen konnte.

Ich öffnete das Fenster und eine dicke Staubwolke kitzelte mich in der Nase. Ich war müde. So unendlich müde. Ich setzte mich auf den unbequemen Stuhl und schlief beinahe im Sitzen ein.

Würden meine Kinder endlich einmal eine Nacht durchschlafen, wäre ich auch nicht immer so müde und hätte genügend Energie für solche Touren ...

Und hätte ich nicht schon so viele tiefe Täler durchwandert und so viel Schmerz erleben müssen, müsste ich solche Touren überhaupt nicht erst unternehmen. Seit ich denken konnte, musste ich für alles kämpfen. Ich hatte es satt. Gott war es doch, der das alles zugelassen, ja, womöglich sogar geplant hatte. Gab es doch so viele andere, deren Leben einfach und unbeschwert war, oder deren Persönlichkeit es ihnen zumindest leichtfallen ließ, das Glas halb voll statt halb leer zu sehen. Doch mir war offensichtlich nichts davon vergönnt.

Die Umstände in meinem Leben, meine Psyche sowie mein Körper schienen mir ständig meine eigenen Grenzen vor Augen zu halten. Wo andere unbeschwert durchs Leben gingen, sah ich überall mögliche Gefahren und konnte nichts so richtig genießen. Wo andere neue Dinge unbekümmert ausprobierten, sich darin übten und dabei immer besser wurden, standen mir mein Stolz und meine Angst, zu versagen und nicht gut genug zu sein, ständig im Weg. Wo andere ihre Traumjobs fanden und in ihrer Berufung aufblühten, musste ich bei meinem Traumjob tief gedemütigt das Feld räumen und war danach beinahe unfähig, wieder etwas anderes zu arbeiten. Wo andere Tag für Tag mit neuer Energie aufstanden und überlegten, was sie aus dem Tag machen wollten, quälte ich mich aus dem Bett meiner Kinder, nach einer weiteren schlaflosen Nacht. Wo andere vom Leben erfüllt, inspiriert und freudig ihren Weg gingen, war ich durch die Krankheitsfälle in meiner Familie, die Konfrontationen mit dem Tod und die eigenen Depressionen so geschwächt, dass ich an manchen Tagen kaum aufrecht gehen konnte.

Und nachdem ich jahrelang die Erfahrung gemacht hatte, dass es für mich offensichtlich unmöglich war, unbeschwert, kraftvoll und frei von Ängsten durchs Leben zu gehen, blieben mir nur die Melancholie und meine sensible Seele.

„Bist du fertig?“, hörte ich die Stimme des Mannes in Weiß und drehte mich erschrocken um. Wo kam er auf einmal her? Zum ersten Mal konnte ich in seinem Blick neben all der Liebe, die er immer ausstrahlte, so etwas wie Verärgerung erkennen. Ich war irritiert und verunsichert. Das hatte mir gerade noch gefehlt. Nachdem er mich heute mit allem alleingelassen hatte, war er nun auch noch wütend auf mich.

„Oh, Liebes, begreifst du denn nicht?“, sagte er, nun wieder etwas sanfter, und deutete auf meinen Rücken.

Ich merkte erst jetzt, was so schwer auf mir lastete und mich auf den letzten Metern beinahe in die Knie gezwungen hatte: Ich trug einen Rucksack voll mit Steinen, hatte mir Taschen voller Geröll auf beiden Seiten umgehängt und hielt selbst in meiner Hand noch einen massiven Stein krampfhaft fest.

Dass diese Steine den Aufstieg schwer, ja beinahe unerträglich gemacht hatten, verstand ich, aber was hatten sie zu bedeuten und warum trug ich sie freiwillig? Ich betrachtete sie genauer. Alle waren tiefschwarz, rund und glänzend. Ihre Oberfläche war so glatt, dass ich mich darin spiegeln konnte. Eine gewisse Faszination ging von den Steinen aus und sie zogen mich nahezu magisch an.

„Bist du bereit, sie mir zu geben?", fragte mich der Mann in Weiß.

Warum wollte er mir so etwas Schönes wegnehmen? Erst musste ich sie allein den ganzen Weg tragen, und jetzt wollte er sie mir nehmen? Dann würde ich doch nichts mehr haben ...

„Na gut, dann komm", sagte er traurig und streckte mir seine Hand entgegen.

Ich versuchte, ein paar Mal allein aufzustehen, doch das Gewicht der Steine war so schwer geworden, dass ich es aus eigener Kraft nicht schaffte. Ich nahm widerwillig seine Hand und zog mich hoch, doch die Last war zu schwer, um auch nur einen weiteren Schritt zu tun.

„Nimm sie. Nimm doch einfach alles. Dir ist ja sowieso egal, wie es mir geht. Ich bin es ja anscheinend nicht wert, dass mal etwas gut, leicht und unbeschwert in meinem Leben ist", schleuderte ich ihm entgegen.

„Du hast recht. Die Steine symbolisieren all die Sachen, die du eben aufgezählt hast. Und deine Melancholie, Sensibilität und Empfindlichkeit umhüllen sie mit ihrem tiefschwarzen Glanz. Sie sehen schön und faszinierend aus, aber der Schein trügt. Ihre glänzende Oberfläche verdeckt nur, was eigentlich dahintersteckt", antwortete er ruhig.

Ich hasste es, recht zu haben und scheinbar doch nicht das große Ganze zu erkennen. Also betrachtete ich die Steine erneut. Und plötzlich war es, als ob ich mich darin spiegeln und gleichzeitig all die Dinge ablesen konnte, die mein Leben so schwer machten. Nach und nach nahm ich jeden Stein in die Hand und erkannte, wofür er stand:

SCHWERE
DEPRESSION
FRÜHGEBURT
ÄNGSTE
MISSERFOLG
KRANKHEIT
TOD

Ich las die Worte und wurde traurig über all diese schrecklichen Dinge, die ich schon erlebt hatte und die mein Leben geprägt hatten. Ich verschmolz regelrecht mit den Worten, und obwohl sie schmerzten, fühlte es sich sicher und vertraut an.

„Sieh genauer hin", sagte der Mann in Weiß leise.

Widerwillig betrachtete ich die Steine genauer – und nun erschienen anstatt einzelner Worte ganze Sätze.

Mein ganzes Leben ist schwer.
Wäre ich von Vorneherein sportlicher erschaffen worden, dann wäre ich jetzt auch fitter.
Würden meine Kinder nachts durchschlafen, dann wäre jeder Tag ein Kinderspiel.
Leichtigkeit und Freude sind mir einfach nicht vergönnt.
Wären meine Kinder nicht zu früh zur Welt gekommen, würde mir das Muttersein nicht so schwerfallen.
Hätte ich mehr Talent, würde ich auch mehr Erfolg haben.
Wäre ich nicht so sensibel, würde auch mein Körper nicht so stark auf alles reagieren.
Ich muss für alles kämpfen und erreiche doch nur halb so viel wie andere.
Hätte ich nicht so viel Schweres erlebt, wäre ich nicht so ängstlich und könnte mein Leben genießen.
Hätte Gott das Wunder vollbracht und meine Schwägerin geheilt, dann wäre heute alles gut.

„Bist du fertig mit Klagen?", fragte mich der Mann in Weiß irgendwann geduldig.

„Deine Beschwerdeliste ist ganz schön lange, nicht wahr?", holte er nun aus. „Ich weiß, du hattest dir erhofft, Leichtigkeit, Gerechtigkeit und Freude bei mir einfordern zu können. Du schleuderst deine Klagen um dich und dachtest, du stehst über allem und bist im Recht. Doch ist dein Leben wirklich nur schwer? Denkst du wirklich, Muttersein wird zum Spaziergang, nur weil die Kinder durchschlafen? Und hast du tatsächlich noch nie Freude erlebt? Glaubst du, das Wunder an deiner Schwägerin hätte dein Leben gerettet?"

Das Blut schoss mir in den Kopf und ich wurde rot. Plötzlich erkannte ich, dass ich diese Sätze jahrelang fein säuberlich als Anklage Gott gegenüber und zu meiner eigenen Verteidigung zurechtgelegt hatte. Und das waren nicht mal alle gewesen. Ich hatte die Liste jedes Mal zur Hand, wenn etwas nicht gut lief, wenn ich enttäuscht vom Leben war, mich selbst schuldig fühlte oder mir etwas einfach nicht gelang.

Der Mann in Weiß hielt inne. Tränen liefen mir übers Gesicht. Seine Worte trafen mich tief.

Er fuhr fort: „Anstatt mich dir helfen zu lassen, wolltest du lieber alles selbst in der Hand halten. Du dachtest, deine Umstände und schlimmen Erfahrungen rechtfertigen deine schlechte Laune, deine Wut, dein schlechtes Handeln und dein Versagen. Mit Bitterkeit hast du den Boden bewässert und ihn so zum perfekten Nährboden für Dornen und Unkraut gemacht. Dein Stolz hielt dich davon ab, die Dornen und das Unkraut aus deinem Lebensgarten zu entfernen, stattdessen hast du dich wie Dornröschen in deinen Turm zurückgezogen – traurig über dein eigenes Schicksal. Und doch, tief drinnen warst du geradezu froh, dass die Stacheln und Dornen jeden abhielten, der versuchte, zu dir durchzudringen, denn so musstest du dich nicht um deinen verwahrlosten Garten kümmern."

Er kannte mich gut genug, um zu wissen, dass ich Märchen liebte, und hatte dieses Bild bewusst gewählt. Märchen erzählten immer von einer mutigen, starken und wunderschönen Hauptfigur, die, egal was passierte, nie die Schuld traf. Und natürlich gab es da das berühmte HappyEnd.

Ich sah mich um und erkannte plötzlich, wo ich gelandet war. Ich schaute aus dem Turmfenster: Anders als bei Dornröschen, war der Garten um den Turm herum nicht von rosa Rosen übersät, sondern von Unkraut und Dornenbüschen überwuchert, heillos vernachlässigt und heruntergekommen. Mittlerweile waren die Dornen riesig und scharf wie kleine Messer geworden, und das Unkraut so dicht, dass kein Durchkommen mehr möglich war. Ich erkannte schmerzlich, dass die scheinbar harmlosen Sätze, meine Anklagen und meine Beschwerden, hier für lange Zeit unbeachtet gewuchert hatten. Und nun war dort ein Meer aus Dornen um den Turm herum und versperrte den Ein- und Ausgang. Hier war kein Prinzessinnen-HappyEnd in Sicht.

Erschrocken versank ich in Scham und Verzweiflung.

„Schau", sagte der Mann in Weiß und deutete auf den Spiegel, der bis eben noch zu verdreckt gewesen war, um etwas darin zu erkennen. Nun war er so sauber, dass er mich beinahe blendete. Es gab keine Ausreden mehr. Alles war glasklar zu sehen. Ich sah mein verwundetes und verbittertes Herz, und doch ließ ich niemanden in die Nähe, um es zu verarzten. Ich erkannte die Lügen und Festlegungen, die ich in meinem Lebensgarten hatte wuchern lassen. Lange Zeit hatte ich mir eingeredet, dass er so nur zu einem romantisch verwilderten Garten geworden war, und dass jeder, der keinen Gefallen daran fand, einfach nichts davon verstehen würde. Doch die Dornen hatten auch mich in die Enge getrieben und ich zog mich immer mehr in den Turm meiner schweren Erfahrungen und Umstände zurück.

„Wie komme ich hier wieder raus? Das schaffe ich niemals allein", schrie ich den Mann in Weiß verzweifelt an. Doch im selben Augenblick wurde mir wieder bewusst, dass ich nicht allein war. Plötzlich sah ich, dass dem Mann in Weiß Blut über das Gesicht lief – und für einen kurzen Moment sah ich eine Krone aus den messerscharfen Dornen meines eigenen Gartens auf seinem Kopf. Auch seine Hände waren zerkratzt und blutverschmiert. Unfähig zu sprechen, blickte ich ein weiteres Mal aus dem Turm, um mich zu versichern, dass das, was ich erahnte und mich so schlucken ließ, nicht stimmte. Doch ich konnte nun klar und deutlich den kleinen Weg mitten durch die Dornen hindurch zur Tür des Turms sehen. Auch die Bluttropfen, die den Boden bedeckten, waren deutlich zu erkennen.

Er war es, der den Weg durch die Dornen gebahnt hatte, damit ich wieder frei sein konnte. Er hatte den Weg raus aus dem Turm möglich gemacht, in den ich mich selbst zurückgezogen und eingesperrt hatte. Obwohl ich die Lügen und Festlegungen wie Dornen und Unkraut in meinem Herzen hatte wuchern lassen, ja sie sogar noch mit meinen Tränen der Bitterkeit bewässert hatte, konnte ich keine Wut oder Enttäuschung in seinem Blick erkennen.

Ich brach zusammen und weinte bitterlich, während er sanft meinen Kopf streichelte.

„Komm, es gibt noch einiges zu tun", sagte er schließlich liebevoll zu mir und half mir hoch.

Mir graute davor, den ganzen Garten von Dornen und Unkraut zu säubern, doch als wir unten angekommen waren, sah ich zu meinem großen Erstaunen, dass bereits alles zurückgeschnitten war. Wer das wann und wie für mich erledigt hatte, wusste ich nicht, aber ich war so erleichtert, dass es für den Moment auch keine Rolle spielte.

Ich atmete erleichtert auf.

„Die Dornen und das Unkraut sind erstmal weg, aber es ist wichtig, noch die Wurzeln zu entfernen. Das hat allerdings noch ein bisschen Zeit."

Er legte den großen Rucksack auf den Boden und ich erkannte die schwarzen Steine darin. Die hatte ich ja ganz vergessen.

„Nimm den Rucksack und schau, womit du das alles getragen hast. Er hat ebenfalls einen entscheidenden Beitrag dazu geleistet, dass so viel Dornen und Unkraut wachsen konnten ..."

Ich nahm den Rucksack. Schwarze, glänzende Körner fielen zu Boden, und ich wusste, dass dies der Dünger war, der alles so schnell hatte wachsen lassen. Auf der Rückseite des Rucksacks konnte ich das große Logo erkennen:

SELBSTMITLEID

„Es stimmt, dass du viele schmerzhafte Dinge und schwierige Umstände erlebt hast. Du hast auch recht, dass eine große Empathie-Fähigkeit und hohe Sensibilität sowohl seelisch als auch körperlich nicht immer leicht zu handhaben sind.

Und dass sich dein Leben immer wieder sehr schwer anfühlt, ist mehr als verständlich. Doch du triffst die Entscheidung, was du davon täglich mit dir herumtragen willst und was auf dir lasten darf. Du triffst die Entscheidung, womit du dich be-schwer-st und welche Lasten du ablegst und dich dadurch selbst ent-lastest.

Selbstmitleid ist die Trage für das alles. Es bedeutet, nicht bereit zu sein, diese Dinge an mich abzugeben und dich dem Leben zu stellen. Lieber leidest du selbst.

Anstatt meine Gnade anzunehmen und deine Lasten bei mir zu lassen, hast du alles, was dein Leben schwerer macht, nach deinen Klagereden wieder in deinen Rucksack gepackt und mitgenommen. In der Annahme, dass du im Recht liegst und dein Leben wie erwartet schwer blieb, hast du dich umso mehr beschwert. Und je mehr Selbstmitleid du hattest, desto schwerere Taschen konntest du tragen – und desto mehr konnten die Dornen wuchern."

Was der Mann in Weiß mir soeben erklärt hatte, war mir zutiefst unangenehm. Ich erinnerte mich an so viele wütende Reden an ihn. Ich hatte ihm die Schuld für alles gegeben und mich als Opfer meiner Umstände, ja meines Lebens gefühlt. Unfähig, etwas zu ändern. Und er schien zu schweigen und mir nicht zu helfen. Doch in Wahrheit, und das wurde mir nun schmerzlich bewusst, hatte ich alle Anklagepunkte und Beschwerden freiwillig wieder mitgenommen, um handfeste Beweise gegen ihn vorbringen zu können.

Selbstmitleid war die einzige Möglichkeit, mit der ich noch mehr ertragen konnte, ohne etwas von dem, was ich trug, abgeben zu müssen.

Ich begriff, dass ich mir selbst so oft den Weg aus meiner eigenen Misere verbaut hatte. Ich fühlte mich in der Rolle des Opfers meiner Umstände und am Boden liegend wohler und paradoxerweise stärker, als auf das Gute zu blicken, aufzustehen und auf wackeligen Beinen weiterzugehen.

Jetzt, wo all die Steine um mich herum lagen und ich den Rucksack abgelegt hatte, fühlte ich mich zwar leichter, doch die Verspannungen, der Muskelschmerz und eine merkwürdige Leere ließen ein ungutes Gefühl in mir zurück. Ich hatte den Turm verlassen, der mich zwar einsam gemacht hatte, aber mir auch eine trügerische Sicherheit geboten hatte. Der Rucksack des Selbstmitleids und die zahlreichen Steine darin waren mir so vertraut geworden, dass ich mich nun schwach, verloren und unsicher fühlte ohne sie.

„Vielen geht es so wie dir. Es ist nicht so leicht, wie man denkt, etwas abzulegen, das jahrelang Teil von seinem Leben war. Viele wollen es lieber weiterhin mit sich herumtragen und ihre Gewohnheiten und vermeintlichen Sicherheiten nicht aufgeben. Sie wollen lieber die Fehlhaltung beibehalten, als neue Muskeln zu trainieren. Denn bevor du neue Kraft erhältst, musst du dich dem Schmerz der alten Last stellen und neues Denken und Handeln eintrainieren. Es ist leichter, sich im bekannten Selbstmitleid zu verlieren, als aufzustehen und eine neue Perspektive einzunehmen. Denn das bedeutet, all diese Dinge, denen du die Schuld für deine Fehler, dein Missverhalten, ja, dein schweres Leben gegeben hast, zurückzulassen und dich dir selbst zu stellen. Das erfordert Mut und Vertrauen. Mut, genau hinzuschauen, Wahrheiten zu erkennen und Verantwortung zu übernehmen.

Aber auch Vertrauen, dass es wert ist, sich dem Schmerz zu stellen, du daran nicht zerbrichst – und dass Gott es gut meint mit dir."

So schwer es mir fiel, die Steine und den Rucksack einfach liegen zu lassen, so sehr spürte ich, wie recht der Mann in Weiß hatte. Mir fielen unzählige Szenen ein, in denen die Steine wie ein Turm um mich herum gestapelt waren und mir als Schutzschild, Rechtfertigungsgrundlage oder gar Entschuldigung für alles dienten.

Die vielen Morgen, an denen ich mies gelaunt aufgestanden war, weil die Kinder schlecht geschlafen hatten und mein Mann dann die volle Ladung meiner üblen Laune abbekommen hatte – schließlich war ich doch das Opfer der Umstände und konnte nichts dafür, dass ich eine weitere Nacht nicht geschlafen hatte ...

So oft war ich wütend auf Gott gewesen, wenn ich bei sportlichen Betätigungen nach kurzer Zeit außer Puste gewesen war oder wieder einmal den leckeren Keksen nicht widerstehen konnte – schließlich hatte er mich so gemacht ...

Ich hatte mich selbst dazu entschieden, mich immer wieder mit dem Leid zu identifizieren, das mir widerfahren war, und mich nur noch um meinen Schmerz zu drehen, anstatt auf den zu sehen, der diesen Schmerz lindern und mir irgendwann ganz nehmen wollte – und der mir in allem Schweren immer wieder so viel Gutes schenkte.

Wenn ich die Schuld für meine Fehler, meine Schwermut und meine negativen Einstellungen und mein Verhalten nicht mehr ertrug, so hielt ich zu meiner Verteidigung die vielen schmerzhaften Dinge, die in meinem Leben passiert waren, hoch, und machte mich auf diese Weise unantastbar.

Und wenn die schweren Schicksalsschläge sich verjährt hatten, so besaß ich immer noch meine sensible, melancholische Seele, die eben nicht anders konnte, als das Glas halb leer zu sehen.

Als diese Bruchstücke meines Lebens mir wie Schuppen von den Augen fielen, tropften Tränen der Scham vor mir auf den Boden. Ich weinte lange, denn ich verstand nun, warum der Mann in Weiß so frustriert war. Es war, wie wenn eines meiner Mädchen etwas aus eigener Kraft offensichtlich nicht oder noch nicht schaffte, und es sich dennoch vehement dagegen wehrte, sich von mir helfen zu lassen. Ich hatte mich mit meinem Rucksack aus Selbstmitleid, in dem ich all meine schweren Steine wie Schätze gesammelt und gehütet hatte, auch für ihn unantastbar gemacht. Auch jüngst bei meiner Panikattacke hatte ich eine genaue Vorstellung davon, wie Gott zu handeln hatte, um mir zu zeigen, dass er mich liebte. Hatte ich mir doch nichts mehr gewünscht, als dass er selbst mir die Panik nahm, anstatt sie durch Ärzte und Medikamente zu behandeln. Und so zog ich mich noch enttäuschter in mein Schneckenhaus zurück und versank im Selbstmitleid. Ich war nicht bereit zu sehen, was er für mich vorbereitet hatte, also ließ er zu, dass ich weiter alles allein trug.

Mut und VER-TRAUEN

MUT, GENAU HINZUSCHAUEN, WAHRHEITEN
ZU ERKENNEN UND VERANTWORTUNG
ZU ÜBERNEHMEN. UND VERTRAUEN,
DASS ES WERT IST, SICH DEM SCHMERZ
ZU STELLEN, DU DARAN NICHT ZERBRICHST –
UND DASS GOTT ES GUT MEINT MIT DIR.

„Und was jetzt?“, fragte ich den Mann in Weiß, nachdem wir lange schweigend nebeneinander auf dem Boden gesessen hatten.

Ruhig legte er einen Stein auf den anderen und ich tat es ihm nach, ohne zu wissen, wozu es diente. Als ich den letzten Stein platziert hatte, stand ich auf und erkannte, was wir eben gebaut hatten.

Es war ein Altar.

„Leg den Rucksack darauf“, sagte der Mann in Weiß liebevoll, aber bestimmt. Also legte ich mein ganzes Selbstmitleid in Form des Rucksacks auf den Altar. Ohne die vielen Steine darin war er klein und unbedeutend geworden. Doch als ich ihn auf den Steinen liegen sah, wurde mir bewusst, wie stark er mein bisheriges Leben beeinflusst hatte.

„Ist das das Opfer?“, fragte ich leise und kam mir etwas komisch dabei vor.

„Nein. Du selbst bist es“, antwortete der Mann in Weiß.

Was? Das konnte er doch nicht ernst meinen?! Das alles war sowieso schon etwas merkwürdig, und jetzt wollte er mich auch noch auf diesen Steinaltar legen und opfern wie Abraham seinen Sohn Isaak?

„Deine Umstände, deine Schwere, deine Anschuldigungen und Anklagen liegen dort als Steine zum Altar errichtet. Das Selbstmitleid ist das Brennholz, aber dein Herz ist das wahre Opfer. Und solange du es nicht opferst, bleibst du das Opfer deiner Umstände.“

Ich verstand nichts mehr. Verwirrt und voller Furcht blickte ich in seine Augen.

„VERTRAUE MIR.“

War das hier alles nur ein Witz? Wollte er mich wirklich auf dem Steinhaufen opfern? Ich war drauf und dran zu gehen, doch mein Blick traf seinen. Ich suchte in seinen Augen jeden noch so kleinen Winkel ab. Suchte nach Wut, Ärger, Enttäuschung, Schmerz oder bösen Absichten. Doch ich fand nichts davon.

Bisher hatte ich ihm Teile meines Lebens hingehalten. Hatte erlebt, dass er Heilung, Freiheit und Frieden schenken konnte. Doch nun ging es um mein ganzes Leben, mein ganzes Herz – oder das, was davon noch übrig geblieben war.

Tränen liefen über mein Gesicht, als ich auf den Steinhaufen kletterte.

„Es tut mir leid“, flüsterte ich. „Es tut mir leid, dass ich dir so viel Schuld für mein Leben gegeben habe. Dass ich dachte, du meinst es nicht gut mit mir. Es tut mir leid, dass ich so lange gebraucht habe, um das zu erkennen.“

Und während ich wie ein Häufchen Elend, und doch befreiter als je zuvor, auf dem Steinhaufen saß, bereit, alles zu geben, was ich hatte und wer ich war, liefen auch dem Mann in Weiß die Tränen übers Gesicht und er streckte seine Arme aus.

„Komm", sagte er leise.

Ich verstand nicht. Ich war doch das Opfer.

„Nicht du, sondern dein Herz ist das Opfer. Deine Bereitschaft, mir vertrauensvoll alles hinzugeben, war es, was dich frei gemacht hat. Und nun steig herunter." Ich kletterte leicht zitternd vom Altar herab und fiel in seine Arme. Dann drehte ich mich um und sah, dass auf einmal viele Dinge auf dem Altar lagen. Bei näherem Betrachten erkannte ich, dass meine tiefsten Wünsche und kühnsten Träume auf dem Altar lagen und nun vor sich hin brannten. Es waren Anliegen, die ich in meiner Fastenzeit aufgeschrieben hatte, aber auch Wünsche, die ich selbst noch nie jemandem erzählt hatte. Auch ihm nicht. Vom Rucksack war schnell nichts mehr übrig geblieben, nur schwarze Farbe lief die Steine herunter, als würde sie wie der Saft einer Zitrone aus den Steinen gepresst werden. Was zurückblieb, waren schneeweiße Steine. Ich sah, wie das Feuer brannte. Bald würde von meinen tiefsten Herzenswünschen nur noch Asche übrig bleiben.

Ich schaute lange in das Feuer. Mein ganzes Leben lag vor mir. Als Altar aufgeschichtet mit meinem Herz als Opfer darauf. Nichts war mir mehr geblieben, aber ich fühlte mich frei wie nie und ein tiefer Friede erfüllte mich. Was auch immer kommen würde, was auch immer mit meinen Wünschen und Träumen – meinem ganzen Leben – weiter passieren würde, ER war an meiner Seite.

„Es ist Zeit weiterzugehen. Du wirst erwartet", sagte der Mann in Weiß nach einer Weile.

Ohne die Last der Steine und mit dem Mann in Weiß an meiner Seite war der Aufstieg zum Schloss viel leichter. Trotzdem machten wir immer wieder Pausen, und so fühlte sich der Berg längst nicht mehr unbezwingbar an.

Während wir nebeneinander herliefen und der Mann in Weiß eine seiner vielen spannenden Geschichten erzählte, überkam mich plötzlich ein tiefes Gefühl von Ehrfurcht. Ich hatte nun so viel Zeit mit ihm verbracht, so viele Tiefen mit ihm durchlebt und er war stets liebevoll, geduldig und freundlich an meiner Seite geblieben. Er hätte alles Recht der Welt gehabt, mich an dem einen oder anderen Punkt einfach stehen zu lassen. Er war nicht auf mich angewiesen, aber ich auf *ihn*. Er brauchte mich nicht, aber ich ihn. Und doch hatte ich ihn so oft von mir weggestoßen, seine Hilfe und Liebe verweigert und mich von ihm zurückgezogen. Als hätte er meine Gedanken gehört, blieb er stehen und sein liebevoll-freudiger Blick traf meinen.

Schweigend gingen wir das letzte Wegstück und kamen vor dem eindrucksvollen Schloss zum Stehen.

Das Schloss war so überwältigend in seiner Gestalt, so prachtvoll und majestätisch, dass meine Beine zu zittern begannen. Es übertraf bei Weitem jedes Disney-Schloss und auch Schloss Neuschwanstein war nur ein Klacks gegen diesen Palast. Der Anblick machte mich ehrfürchtig – und dankbar, dass ich etwas so Außergewöhnliches, Königliches von Nahem betrachten durfte.

Der Mann in Weiß nahm meine Hand, doch ich fühlte mich unwürdig, das Schloss zu betreten. Plötzlich zog ein schwarzer Nebel auf und etwas schnürte meinen Hals zu. Ich sah den Mann in Weiß nicht mehr und konnte kaum meine eigene Hand vor Augen erkennen. Schwindel, Übelkeit und Panik ergriffen mich. Jahrelang hatte ich gedacht, dass meine Angst mein größter Schwachpunkt war. Doch nun kroch ein dunkler Schmerz in mir hoch, der die Angst bei Weitem übertraf. Ich konnte ihn nicht stoppen. Ich versank in düsteren Gedanken und innerhalb kürzester Zeit nahmen sie alles ein:

Bin ich es wert, dass Gott meine tiefsten Wünsche beachtet, geschweige denn meine Gebete erhört?
Bin ich überhaupt wichtig genug, dass er mich oder meine Nächsten heilt und ein Wunder tut?
Ist mein Leben wertvoll genug, …

„GENUG!“

Erschrocken drehte ich mich um. Der schwarze Nebel war wie weggeblasen und der Mann in Weiß stand hinter mir.

Ich schaute an mir herunter und plötzlich sah ich, wem sein harscher Ton galt. Um meinen Nacken hatte sich eine kleine schwarze Schlange gewickelt und ihre giftigen Zähne tief in meinen Hals gebohrt.

Ich erschrak, doch der Mann in Weiß packte sie wütend am Schwanz, warf sie zu Boden und trat auf ihren Kopf – und ich konnte nur noch sehen, wie sie sich in Staub auflöste. Erstarrt vor Schreck schaute ich den Mann in Weiß an.

„Ihr Gift ist mittlerweile tief eingedrungen.“

„Was hat das zu bedeuten?“, fragte ich leise.

„Die Schlange verdreht die Wahrheit, beunruhigt dein Herz und zerstört mit ihrem Gift alles, was zum Leben führt.“

„Woher kommt sie?“

„Sie ist dir im Haus der Angst begegnet und hat sich schon dort in dein Leben geschlichen.“

„Wie heißt die Schlange?“, fragte ich weiter.

„Zweifel“, sagte der Mann in Weiß mit fester Stimme. „Der Zweifel geht Hand in Hand mit deinen Minderwertigkeitsgefühlen. Denn der Zweifel stellt alle gemachten Erkenntnisse und offenbarten Weisheiten – ja, Gott selbst – immer wieder infrage. Und wenn der Zweifel so groß wird, dass du nicht mehr glauben und auf Gott vertrauen kannst, dann verlierst du alles.“

„Aber warum konnte ich die Schlange vorher nicht sehen oder spüren?“

„Spüren konntest du sie schon. Erinnerst du dich an die Momente, in denen du an Gott gezweifelt hast trotz den intensiven Erlebnissen, die du schon mit ihm gemacht hattest? Doch manche Dinge offenbaren sich leider erst, wenn du durch vieles andere durchgegangen bist. Du hast deinen tiefsten Schmerz erst zulassen können, nachdem du mir dein ganzes Herz hingehalten hast. Bevor du nicht bereit warst, dein Herz zu opfern und all die Dinge abzulegen, die es beschwerten, konnte sich die Schlange darunter verstecken. Sie hatte seit dem Besuch im Haus der Angst Zeit gehabt, sich langsam um deinen Hals zu wickeln, doch je mehr du aufgedeckt hast und je freier du wurdest, umso sichtbarer wurde sie und umso schneller musste sie handeln. Und da es für sie unmöglich ist, ins Schloss zu gelangen, biss sie mit aller Kraft zu, in der Hoffnung, dich dadurch abhalten zu können hineinzugehen.“

Ich fasste an meinen Hals und spürte die Einstichstelle ihrer Zähne, und das Gift von tiefen Zweifeln, die meine Minderwertigkeitsgefühle fütterten, breitete sich wie flüssiger Teer in mir aus.

Ich fühlte mich sehr wackelig auf den Beinen. Die Schlange hatte sich zu Beginn dieser inneren Reise mit dem Mann in Weiß in mein Leben geschlichen, doch sie war auch schon lange davor Teil meines Lebens gewesen. Ein anfangs nur leiser Zweifel hatte stets versucht, mir das zu rauben, was ER mir schenken wollte. Und je mehr ich diesem Zweifel glaubte, desto mehr verfestigte sich das Gefühl der Minderwertigkeit in mir. Der Zweifel wollte von Anbeginn der Zeit Leben in Fülle verhindern. Der Zweifel vergiftete schon im Paradies den Glauben an einen guten Gott und an seine Liebe für uns – und führte dazu, dass der Mensch sich Gott zum ersten Mal widersetzte und schließlich aus Eden verbannt wurde.

Nun stand ich vor dem letzten Haus und doch hatte alles seinen Ursprung im ersten Haus.

Der erste und der letzte Schmerz: Er begann mit dem Zweifel an Gottes Liebe und endete mit dem Minderwertigkeitsgefühl, das mich davon abhielt, das Tor zu öffnen und meinem Schöpfer entgegenzutreten.

Dieses tiefe Minderwertigkeitsgefühl war der tiefste und grässlichste Schmerz. Er hatte Angst, Zerstörung und innerlichen Tod in meinem Leben gebracht. Er stand hinter der einen Angst, die alles lähmte, alles vergiftete und alles Leben raubte.

Der Zweifel stellte die eine große Frage:
„Meint Gott es wirklich gut mit dir?“

Und das Minderwertigkeitsgefühl antwortete:
„Gott kann es nicht gut mit dir meinen, sonst …“

Der Zweifel kannte jeden unerfüllten Wunsch und jeden Schmerz in meinem Inneren und hielt mir beides immer wieder deutlich vor Augen. Hatte sich das schwarze Gift des Zweifels in Gedanken und Herz verhärtet, verfestigte sich auch das Gefühl der Minderwertigkeit und brachte alles zum Stillstand. Denn die Fragen, die der Zweifel stellte, wurden nach und nach zu Aussagen – und schlussendlich zu schwarzen Wurzeln, die sich heimlich tief in mein Herz gruben. Die Schlange suggerierte mir schließlich, unvollkommen und nicht genug zu sein – und machte so die Hoffnung auf die Erfüllung meiner tiefsten Sehnsucht zunichte: nämlich, dass Gott mich so unvollkommen, wie ich war, lieben konnte.

Es traf mich wie ein Schlag ins Gesicht. Jetzt stand ich wirklich vor meinem tiefsten Schmerz. Dem Schmerz, den ich so lange nicht einmal benennen wollte, denn mich ihm zu stellen, würde bedeuten, mich den Fragen zu stellen, vor deren Antwort ich am meisten Angst hatte:

Was, wenn ich es nicht wert war, gerettet zu werden?
Was, wenn ich doch nicht genug war, um geliebt zu werden?

„Du hast jetzt die Chance, ihn selbst zu fragen“, sagte der Mann in Weiß leise, und öffnete das große Tor zum Schloss. Dann verschwand er darin. Lange Zeit stand ich wie versteinert davor, unfähig, einen Schritt weiterzugehen. Tausend Gedanken und Gefühle drehten sich in mir und bauten sich zu einem inneren Tornado auf, der mächtig genug war, alles mit sich zu reißen. Doch mit einem Mal stoppte er, als hätte er sich einfach in Luft aufgelöst – oder als hätte jemand, dem Wind und Wellen gehorchen, ein Machtwort gesprochen … Da kam ein zarter Wind und strich sanft über mein Haar, als würde eine Mutter über den Kopf des verunsicherten Kindes streicheln und ihm Mut zusprechen.

Etwas zittrig wagte ich den ersten Schritt ins Schloss.

Ich stand in einer großen, leeren Halle, wo der Mann in Weiß schon auf mich wartete. Vor uns versperrte ein riesiger, schwerer Vorhang, der von der hohen Decke herunterhing, den Weg.

„Bist du bereit?“, fragte mich der Mann in Weiß und zwinkerte mir leicht zu. Ich wusste intuitiv, dass es das letzte Mal sein würde, dass er mich das fragen würde.

Ich fühlte mich alles andere als bereit. Gleich würde ich dem Höchsten entgegentreten und ihm die wichtigste Frage stellen, die mir auf dem Herzen brannte – wohl wissend, dass die Antwort über mein ganzes Leben entscheiden würde. Ich fühlte mich wie Königin Esther im Alten Testament, als sie vor den König trat und sich darüber bewusst war, dass sie damit ihr Leben aufs Spiel setzte. Aber anders als die mutige Esther, fühlte ich mich unvorbereitet, schwach und irgendwie nackt. Ich hatte alles, was mir bisher Schutz und Sicherheit geboten hatte, abgelegt und all meine Wünsche und Träume geopfert, um hierherzukommen. Ich hatte nichts zu bieten und nichts zu geben. Ich war weder frisch geduscht noch schön angezogen. Ich war so, wie ich war.

Die Einstiche der Schlange brannten wie Feuer, und Zweifel versuchten erneut, die Macht über mich zu bekommen. Was hatte ich mir dabei gedacht, ihn, den Höchsten, mit meinen belanglosen Themen zu stören, in Anbetracht all der weltbewegenden Dinge, die ihn sicher beschäftigten? Würde der König mich überhaupt empfangen?

„Du wirst erwartet", sagte der Mann in Weiß da liebevoll, hob seine Hand und der eindrucksvolle Vorhang öffnete sich von oben nach unten. Er gab den Blick auf den prächtigen Thronsaal frei. Strahlend helles Licht trat durch die riesigen, mit Mosaik verzierten Fenster. Ich senkte den Kopf, denn es blendete mich so sehr, dass ich ein paar Minuten brauchte, bis sich meine Augen an das Licht gewöhnt hatten. Ich traute mich nicht, meinen Blick zu erheben. Meine Knie zitterten, und noch bevor ich meinen ersten Schritt machen konnte, hörte ich seine laute, bestimmte und gleichzeitig unendlich sanfte und liebevolle Stimme:

„ICH HABE DICH ZUERST GELIEBT."

Meine Knie gaben nach. Zitternd vor Ehrfurcht und ergriffen von der Liebe des Königs kniete ich am Boden und weinte. Ich hatte ihn nicht gesehen, ja, ich hatte ihm noch nicht einmal meine Frage gestellt, doch seine Antwort traf mich mitten in meiner verletzten Seele. Seine Worte waren wie pures Gold, das in die dunkelsten Ecken meines Inneren strahlte und heilend über mein zerbrochenes Herz floss.

„Und das ist die wahre Liebe: Nicht wir haben Gott geliebt, sondern er hat uns zuerst geliebt und hat seinen Sohn gesandt, damit er uns von unserer Schuld befreit" (Johannes 4,10; NLB).

Ich spürte, wie eine kräftige und sanfte Hand über mein Haar strich. Er war tatsächlich zu mir hergekommen! Er kniete sich neben mich und hob mich hoch. Der König selbst nahm mich auf den Arm und trug mich den langen Gang entlang zu seinem Thron, wo er mich dann einfach in seinen Armen hielt.

Hier und jetzt in aller Schwachheit, Gebrochenheit und Verletzlichkeit fühlte ich mich vollkommen. ER war es, der vollkommen machte, was unvollkommen war. ER war es, der ausglich, was nicht im Gleichgewicht war. ER war es, der ergänzte, was mir fehlte. ER füllte auf, was leer geworden war.

zuerst
geliebt

ER hatte mich geliebt, noch bevor ich lieben konnte. ER war mir den ganzen Weg entgegengekommen, noch bevor ich einen Schritt gegangen war.

ER WAR ALLES, WAS ICH BRAUCHTE!

„Um eines habe ich den HERRN gebeten; das ist alles, was ich will: Solange ich lebe, möchte ich im Haus des HERRN bleiben. Dort will ich erfahren, wie freundlich der HERR ist, und still nachdenken in seinem Tempel" (Psalm 27,4).

Ich hätte für immer in seinen Armen bleiben können. Irgendwann öffnete ich meine Augen und blickte ihn an, und obwohl noch Tränen meinen Blick verschleierten, konnte ich in seinen Augen die ganze Welt sehen. Alle Schätze und Geheimnisse der Welt lagen in seinem Blick verborgen. Alle Liebe, aller Friede und alle Reinheit entsprangen seinen Augen. In ihnen waren Anfang und Ende.

Er nahm meine Hand und führte mich nach draußen. Die Luft war glasklar, frisch und duftete herrlich. Wir ließen den Blick über das ganze Gelände schweifen, das vor beziehungsweise im Tal unter uns lag.

Ich sah die verschiedenen Häuser und war tief berührt davon, was aus ihnen geworden war. Das Haus der Angst strahlte nun hell und freundlich. Auch konnte ich die Bäume hinter dem Haus erkennen, in denen es vor Leben nur so wimmelte. Es war, als würden diese beiden Bäume alle Vogelarten der Welt beherbergen und tausend wunderschöne Schmetterlinge mit ihren duftenden Blüten anziehen.

Ich hörte aus der Ferne Kinderstimmen und sah, wie Kinder um das Haus des Neids herum spielten und lachten. Sie verschwanden in der einen Hälfte und rannten dann ums Haus herum in den anderen Garten der anderen Hälfte. Ich konnte erkennen, wie die schöne Nachbarin Blumen und eine Schale Erdbeeren vor der Nachbarstür – meiner Tür – ablegte, und sich dann in den Liegestuhl begab.

Dann schweifte mein Blick über das riesige Gelände um das Haus der Kontrolle. Die Felder waren grün und saftig. Die vielen verschiedenen Gärten, Wiesen und Wälder wirkten von hier oben wie ein perfektes Gemälde. Die kleinen Seen und verzweigten Flüsse und Bäche ließen es nahezu paradiesisch wirken. Viele Menschen arbeiteten und lebten nun auf dem Gelände. Kein einziger Zaun war mehr zu sehen.

Das Haus der Täuschung stand ruhig und friedlich in die Landschaft eingebettet da. Es wirkte, als ruhe es in sich und hätte nicht mehr den Anspruch, andere zu täuschen und sich selbst immer wieder zu beweisen. Das Gebäude wirkte nun schlicht und zurückhaltend, aber dennoch faszinierend und schön. Und der herrliche Duft, der aus den verschiedenen Küchen strömte, schien sich bis hier oben ausgebreitet zu haben. Alles war im Gleichgewicht.

Ich drehte mich um und blickte zurück zum prächtigen Schloss. Das letzte Haus. Das Haus der Minderwertigkeit. Das Gefühl von Minderwertigkeit war es, das so viel Schlechtes und Schweres mit sich bringen konnte: Angst. Neid. Kontrolle. Täuschung. Alles zog es als Geleit hinter sich her. Doch mit dem Mann in Weiß war ich den Weg bis zum Schloss gegangen. In dem Moment sah ich ihn auf uns zukommen. Mein Blick traf den seinen und augenblicklich kam ein neuer Vers in meinen Kopf. *„Ich bin der Weg, ich bin die Wahrheit, und ich bin das Leben! Ohne mich kann niemand zum Vater kommen. Wenn ihr mich wirklich kennt, werdet ihr auch meinen Vater kennen. Ja, ihr kennt ihn schon jetzt und habt ihn bereits gesehen!" (1. Johannes 14,6–7).*

Tiefe Dankbarkeit und Liebe erfüllten mich.

Ich blickte den König neben mir an und erkannte plötzlich sein silbergraues Haar unter der goldenen Krone. Ich kannte ihn tatsächlich schon.

„Ich habe dich zuerst geliebt", hörte ich ihn ein weiteres Mal sagen, und die Worte füllten alles in mir aus, was noch leer war, und heilten alles, was noch nicht ganz war.

Der König führte mich den Weg hinab und der Mann in Weiß blieb wie immer an meiner Seite. Am Steinaltar machten wir eine Pause. Das Feuer war ausgegangen und der Altar leer. Strahlend weiß und beinahe blendend stand er nun vor mir. Ich wollte schon weitergehen, als der König auf den Altar deutete: Meine Träume und Wünsche waren verbrannt und deren Asche wohl schon längst vom Wind verweht, aber das spielte jetzt keine Rolle mehr. Als ich jedoch noch einmal auf den Altar blickte, entdeckte ich darauf das Wort „Vertrauen" in Gold eingelassen. Statt zu Asche waren meine Träume und Wünsche zu Gold geworden. Und sie hatten etwas hinterlassen, das noch viel mehr wert war als Gold: Vertrauen. Vertrauen, dass ER es gut mit mir meinte. Vertrauen, dass ER mich zuerst geliebt hatte und dass ich in ihm vollkommen war.

Der König deutete auf den Boden, und ich staunte, als ich sah, dass das Gold offensichtlich vom Altar aus weitergeflossen ist und nun überall da, wo vorher Dornenbüsche und Unkraut gewuchert hatten, zarte goldene Sträucher und Blumen aus dem Boden wuchsen. Das Gefühl der Minderwertigkeit war die Wurzel aller Lügen und Festlegungen, die vom Zweifel gesät worden waren. Und meine Bitterkeit und mein Selbstmitleid hatten sie wachsen lassen – und dabei meine Freude und Hoffnung erstickt. Doch SEINE Liebe hatte Totes zu neuem Leben erweckt. Wertloses in Kostbares verwandelt. Asche zu Gold gemacht.

„Wenn du deinen wahren Wert erkennst, öffnest du dein Bewusstsein dafür, dass deine Unvollkommenheit in mir die Vollkommenheit findet, und dass meine Liebe alles ist, was du brauchst."

Und ich spürte, dass ich ohne ihn nichts war, aber mit ihm alles hatte, was ich brauchte. Und diese Erkenntnis vertrieb jegliches Gefühl der Minderwertigkeit.

VERTRAUEN

LOSLASSEN, TRAUEN, LIEBE

Wir gingen weiter. Ich sah die vielen kleinen Knospen und Blätter, die neues Leben bringen würden, und tiefe Dankbarkeit erfüllte mich.

Die Sonne stand mittlerweile schon sehr tief und ihr goldenes Licht strahlte majestätisch über das ganze Land. Plötzlich sah ich einen mir bekannten Baum vor mir stehen. Es war die große Trauerweide. Sie stand direkt neben dem Brunnen, an dem ich so oft neue Kraft schöpfte. Der Ort, an dem die Reise zum größten Schmerz begann, lag direkt neben der Quelle des Lebens. Wie konnte mir das die ganze Zeit entgangen sein?

Der Wind wehte durch ihre herabhängenden Äste und forderte die letzten Sonnenstrahlen zu einem Lichterblättertanz auf. Leise Musik ertönte und die Lichterketten im ganzen Baum gingen an. Der König hielt die Äste der Weide wie einen Vorhang zurück und ließ mich hindurch. Eine riesige, wundervoll geschmückte Tafel stand da unter dem Baum. Weiße Kerzen brannten in goldenen Kerzenständern, die Väschen mit zartrosa Pfingstrosen zwischen wilden Gräsern verliehen dem Tisch Eleganz und Extravaganz, und der Duft von köstlichem Essen ließ mir das Wasser im Mund zusammenlaufen.

Auf jeder einzelnen Namenskarte standen Namen von Menschen, die mir nahestanden, die mein Leben bereicherten und mit mir eine kürzere oder längere Wegstrecke gegangen waren. Alles war wunderschön, liebevoll, schlicht und gleichzeitig extravagant angerichtet.

ALLES WAR VOLLKOMMEN. SO MUSSTE EDEN SEIN.

Der Mann in Weiß kam zu mir. „Komm, du musst dich bereit machen“, lachte er und nahm mich mit. Ein neues, weißes Kleid hing an einem Ast. Der leichte Stoff wehte im Wind, und die kleinen Glitzersteine, die daraufgenäht waren, spiegelten das Licht wider. Ich zog mich um – und das Kleid passte wie angegossen – als wäre es nur für mich gemacht. Plötzlich tauchte die Frau mit dem schimmernden Kleid auf, Ruach. Sie kämmte meine Haare, legte mir eine wunderschöne Kette um den Hals und flocht mir ein paar frische Blumen in meine dunklen Locken.

Ich ging zurück zur Festtafel. Ich spürte das zarte, weiche Moos unter meinen Füßen und wusste, dass ich an den Anfang zurückgekommen war. An den Ort, zu dem der Mann in Weiß mich hingetragen hatte, an den Ort, wo meine schmerzhafte Reise begonnen hatte.

Hier endete alles.

Hier waren der Anfang und das Ende.

EDEN.

EDEN

SCHÖNHEIT, PARADIES, LEBEN

Minder-WERTIG-KEIT

Zweifel ist gesät.
Je tiefer die Wurzeln, desto stärker das Unkraut. Die Dornen piksen am Anfang nur wenig, dann immer mehr.

Was, wenn ich nicht reiche,
nicht genug bin,
nicht geliebt werde?

Er drängt mich zurück.
Nimmt alles ein.

Was wie ein Ausweg scheint,
wird zu einer Festung ohne Ausgang.

Zweifel wird zu Minderwertigkeit.
Frage zu Aussage.

Ich bin nicht gut genug.
Ich reiche nicht.
Ich bin nicht geliebt.

Doch Seine Kraft lässt Unkraut verdorren. Seine Gegenwart wandelt Dornen in Blumen.

Seine Vollkommenheit gleicht aus, wo ich nicht genüge.

Seine Liebe überwindet alles.
Sie ist alles, was ich brauche.
Sie macht aus, wer ich bin.
Sie ist bedingungslos.
Sie ist unendlich.
Liebe.

EDEN
Ende

Geschaffen, um da zu sein.
Verbannt aus Eden.
Erlöst, um zurückzukehren.

Die tiefste Sehnsucht,
die größte Hoffnung,
das höchste Ziel.

Blühendes Leben.
Unendliche Schönheit.
Verborgenes Paradies.
Die Liebe des Höchsten.

Der Anfang und das Ende.

EDEN.

NACH-WORT

Dieses Buch war für mich nicht nur eine lange und intensive Reise zu den schmerzhaftesten wunden Punkten und schwersten Momenten in meinem Leben – nein, es hat alles verändert. Nicht das Buch. Nicht der Text. Nicht die Gestaltung. Sondern die Begegnung mit Gott, die der Grund dafür ist, dass es dieses Buch überhaupt gibt.

„Siehe, ich mache alles neu!", hat er über mein Leben ausgesprochen. Und genauso habe ich es erlebt. Das Wort „alles" hat dabei großes Potenzial, um enttäuscht zu werden. Das ist mir bewusst. Und wenn ich schreibe, es hat sich *alles* verändert, lehne ich mich damit sicherlich auch weit aus dem Fenster, denn von außen betrachtet, ist gar nicht mal so viel anders. Ich wohne noch am selben Ort, schwebe nicht auf einmal zehn cm über dem Boden, und habe nach wie vor viele Hochs und Tiefs in meinem Leben. An manchen Tagen fühle ich mich überfordert, habe Ängste, vergleiche mich immer noch hin und wieder mit anderen oder fühle mich nicht wertvoll, aber was sich tief in mir grundlegend zu ändern begonnen hat, ist meine Gesinnung.

Die tiefen Begegnungen mit Gott, die Erkenntnisse, die ich währenddessen machen durfte, seine gnädigen Blicke und Umarmungen, sein Verständnis für mich, seine heilende Kraft und grenzenlose Liebe, die da war, noch bevor ich entstand, sie ist es, die alles verändert und wahre Schönheit in mir und meinem Leben hervorgebracht haben.

ICH HABE DICH ZUERST GELIEBT.

ICH WAR UND BIN GELIEBT.
GELIEBT, OHNE DASS ICH DA WAR.
GELIEBT, OHNE DASS ICH ZURÜCKLIEBE.
GELIEBT, OHNE DASS ICH LEISTEN MUSS.
GELIEBT, OHNE DASS ICH PERFEKT BIN.

GELIEBT.

Und auch wenn ich mir wünsche, dass auf dieser Erde schon alles perfekt und schwere-los ist, dass das Leben immer leicht, schön und gut ist, so weiß ich doch, dass das nicht der Fall sein wird, und dass der Schmerz über die Unvollkommenheit dieser Welt wohl bis zum Ende bleiben wird.

Aber die Sehnsucht nach dem einen Ort, an dem kein Leid, keine Tränen und kein Schmerz mehr sind, sowie der Wunsch, irgendwann dort anzukommen – an diesem Ort, an dem Gott selbst wohnt, in seiner Herrlichkeit und Vollkommenheit, an diesem Ort, wo wahre Schönheit blüht und pure Liebe herrscht, machen das Leben lebenswert. Und führen uns sicher durch alle Höhen und Tiefen des Alltags, bis wir irgendwann tatsächlich dort ankommen.

Und so ist es mein Wunsch für mich und für dich, dass du dem begegnest, der alles in der Hand hält. Der dich zuerst geliebt hat. Der Anfang und Ende ist. Und der sogar aus Asche ein Stückchen Eden erschaffen kann:

Gott.

VIELEN Dank

DANKE an meinen Mann und meine Töchter, die mit mir durch diese schweren und schönen Zeiten gegangen sind und ertragen haben, was manchmal unerträglich schien, und die mein Leben so lebenswert machen. Ich liebe euch!

DANKE an meine Familie, die durch viel Schmerz gegangen ist und doch so stark, treu und voller Liebe ist. Ihr bedeutet mir so viel!

DANKE an meine Freunde, die mich in Hochs und Tiefs mit Rat und Tat begleitet haben. Ihr bereichert mein Leben!

DANKE an alle, die geholfen haben, dass dieses Buch entstehen konnte. Das war ein großes Privileg für mich!

Danke, Gott!

1. Auflage 2022
Bestell-Nr. 817839
ISBN 978-3-95734-839-5

Umschlaggestaltung: Fabienne Sita
Satz: Fabienne Sita
Bilder: Fabienne Sita, Sophia Lasson, Felix Lasson, www.unsplash.com
Druck und Verarbeitung: L.E.G.O. S.p.A.

Printed in Italy

FSC www.fsc.org
MIX
Papier aus verantwortungsvollen Quellen
FSC® C023419